技工院校计算机类专业（中/高级技能层级）

常用办公自动化设备使用与维护

（第二版）

习题册

主 编 何 山

中国劳动社会保障出版社

简介

本习题册是技工院校计算机类专业教材（中 / 高级技能层级）《常用办公自动化设备使用与维护（第二版）》的配套用书。习题册内容紧扣教材的教学要求，注重基础知识的巩固和基本能力的培养，知识点分布均衡，题型丰富，难易适当，有助于学生复习巩固所学知识。

本习题册由何山担任主编，何子卿、周燕青参与编写。

图书在版编目（CIP）数据

常用办公自动化设备使用与维护（第二版）习题册 / 何山主编. -- 北京：中国劳动社会保障出版社，2025.（技工院校计算机类专业）. -- ISBN 978-7-5167-4849-7

Ⅰ. C931.4-44

中国国家版本馆 CIP 数据核字第 2025453JC1 号

中国劳动社会保障出版社出版发行

（北京市惠新东街 1 号　邮政编码：100029）

*

北京市鑫霸印务有限公司印刷装订　　新华书店经销

787 毫米 ×1092 毫米　16 开本　5 印张　97 千字

2025 年 3 月第 1 版　　2025 年 3 月第 1 次印刷

定价：12.00 元

营销中心电话：400-606-6496

出版社网址：https://www.class.com.cn

https://jg.class.com.cn

目 录

CONTENTS

项目一
办公自动化设备的基本知识

一、填空题

1. 办公自动化（office automation，简称 OA）是将现代化办公和__________技术结合起来的一种新型办公方式。

2. 办公自动化设备是指用于________________、________________和________________的各种设备及技术的统称。

3. 打印机是一种重要的输出设备，已经成为办公自动化必不可少的设备之一，常见的打印机有______________、______________和______________，其中，通过光电系统完成显影、转印和定影且打印速度较快的是______________。

4. ________打印机通过机械撞击，在打印介质上产生小点，最终由小点组成所需打印的对象。

5. __________是一种将多种功能集成在一起的办公设备，通常具备打印、扫描、复印和传真等多种功能。

6. 投影仪又被称为__________，其可以以精确的放大倍率将物体投影在屏幕上。

7. 交互式智能平板以______________作为显示和操作的平台，具备书写、批注、绘画、多媒体娱乐、网络会议等功能，其融合了人机交互、平板显示、多媒体信息处理和网络传输等多项技术。

8. ____________是办公自动化设备中最常见的问题之一，这类故障通常表现为设备无法开机或关机、电源指示灯不亮等。

9. 常见办公自动化设备的____________表现为无法上网或网络连接不稳定，故障排除方法包括检查网络连接是否正常、________是否松动、____________是否正确等。

10. 办公设备中的键盘按键失灵、打印机卡纸等故障，属于____________损坏。

二、选择题

1. 现代办公常以计算机为主、其他设备为辅，完成各种信息的采集、输入、综合后得到图文混排、形象逼真的大容量多媒体信息，以下（　　）是常见的办公自动化设备。

A. 文件输入及处理设备　　B. 文件存储、复制和打印设备

C. 文件整理设备和网络设备　　D. 以上选项都对

2. 办公自动化设备所处环境一般温度要保持在（　　）℃，相对湿度要求控制在30%～70%。

A. 5～10　　B. 15～50　　C. 10～35　　D. −5～40

3. 现代办公设备与技术的发展趋势不包括（　　）。

A. 出现更多的专业办公自动化系统

B. 电子信息的全面数字化

C. 设备的大型化和昂贵化

D. 设备的体积和质量不断减小，性价比更高

4. 新型投影仪主要借助 RGB 三色投影光机和解码技术，把传统投影仪朝着精巧化、（　　）的方向发展，从而让投影技术更加贴近工作、生活和娱乐。

A. 便携化　　B. 微小化

C. 家庭化　　D. 以上选项都对

5. 软件故障通常是由（　　）或其他软件出现问题导致的，如计算机运行缓慢、软件崩溃、蓝屏等。

A. 操作系统　　B. 应用软件

C. 数据库系统　　D. 图形图像软件

6. 在大型超市里用于打印客户购买货物清单的打印机一般为（　　）打印机。

A. 激光　　B. 喷墨　　C. 针式　　D. 3D

7. 在打印量较大时，打印成本最低的打印机是（　　）打印机。

A. 激光　　B. 喷墨　　C. 针式　　D. 3D

8. 影响办公自动化设备正常工作最主要的因素包括（　　）。

A. 温度、相对湿度、电源和场所清洁情况

B. 温度、相对湿度、磁场和腐蚀性气体

C. 电源、场所清洁情况、磁场和阳光

D. 温度、相对湿度、场所清洁情况和磁场

9. 与喷墨打印机相比，激光打印机的（　　）。

A. 打印速度快　　B. 分辨率高

C. 噪声小和成本低　　D. 以上选项都对

10. 下列选项中，（　　）是输入设备。

A. 打印机　　B. 复印机

C. 扫描仪　　D. 投影仪

三、判断题

1. 复印机、复合机等都是常见的输入设备。（　　）

2. 网络适配器也称网卡，是办公自动化设备上网的必备设备。（　　）

3. 针式打印机因存在打印速度慢、噪声大等缺点，已逐渐被市场淘汰。（　　）

4. 复印机是从书写、绘制或印刷的原稿得到等倍、放大或缩小副本的设备。（　　）

5. 常用的办公自动化设备应尽量在粉尘少、阳光不能直射、温度和相对湿度适宜的条件下使用。（　　）

6. 常用办公自动化设备在保证安全的情况下，在使用中可以搬运，在通电状态下也可以搬运。（　　）

7. 选择办公自动化设备时，在价格相差不大的情况下，要尽量选择旧型号的设备，因为这些设备的技术最为成熟，而新上市的设备尚未经过市场的检验，具有不稳定性。（　　）

8. 选购办公自动化设备时，要尽量选择市场占有率大的设备。（　　）

9. 常用办公自动化设备的安全问题主要涉及设备感染病毒、恶意软件等。（　　）

10. 与单一功能的打印机、扫描仪或复印机不同，复合机可以节省空间，降低成本，并提高办公效率，在办公室和家庭等环境中越来越常见。（　　）

四、名词解释

1. 现代办公

2. 办公自动化设备

五、简答题

1. 常用的办公自动化设备有哪些？

2. 简述在选购和使用办公自动化设备时的注意事项。

3. 简述办公自动化设备的常见故障。

六、综合应用题

请你前往所在城市的电子产品市场以及各类办公设备商店进行实地走访调研，或者借助互联网搜索相关信息，针对正在销售的办公自动化设备展开调查，详细记录这些设备的品牌、型号、主要功能和用途以及价格等信息，并将其填入表 1–1 中。

表 1–1　办公自动化设备的信息

序号	品牌	型号	主要功能和用途	价格

项目二
喷墨打印机的使用与维护

一、填空题

1. 喷墨打印机是在针式打印机之后发展起来的，采用＿＿＿＿＿＿的工作方式，其比较突出的优点有体积小，操作简单方便，使用专用纸张时可以打印出与照片相媲美的图片。

2. 喷墨打印机的分辨率常用 dpi 来表示，其含义为＿＿＿＿＿＿＿。

3. 喷墨打印机是＿＿＿＿＿打印机的演变，它使用一种微型的＿＿＿＿代替金属针头，向纸上进行墨水点的喷射，打印的字符通常是由＿＿＿组成的。

4. 喷墨打印机利用控制指令来控制打印头上的＿＿＿＿＿，使喷出的墨水打印在纸张上，喷墨的控制方法是决定喷墨打印机质量优劣的主要因素。

5. 由于喷墨打印机打印头的形式不同，其喷墨的控制方式也有少许不同，目前市面上主要有＿＿＿＿＿＿和＿＿＿＿＿两种。

6. 在选购喷墨打印机时，其耗材是决定是否选购的重要因素之一。墨盒分为＿＿＿＿墨盒和＿＿＿＿墨盒，＿＿＿＿墨盒在质量和售后服务上有较好的保证，是大部分用户的首选，但其价格较高。

7. 在搬动喷墨打印机时，一般要关闭＿＿＿＿，此时喷墨打印机将停止供墨。

8. 目前，喷墨打印机常采用 CMYK 四色合成，其中 C 表示＿＿＿＿，M 表示＿＿＿＿＿，Y 表示＿＿＿＿，K 表示＿＿＿＿。

9. EPSON Photo+ 是一种＿＿＿＿＿＿，使用它可以轻松打印具有各种布局的图像，还可以使用多种模板，在打印物的任意位置添加文本或图案等。

10. ＿＿＿＿＿＿＿＿＿＿＿＿＿＿＿用于从智能手机、平板计算机或台式计算机等智能设备轻松操作 EPSON 打印机，包括打印、复印或扫描等，可以从 App Store 或应用商店搜索并安装该 App。

11. EPSON L18058 型喷墨打印机出现故障时，常表现为打印机____________上的指示灯闪烁。

12. EPSON L18058 型喷墨打印机的正面如图 2-1 所示，写出各部件的名称。1—____________，2—________，3—______________，4—__________，5—______________________，6—__________，7—__________________。

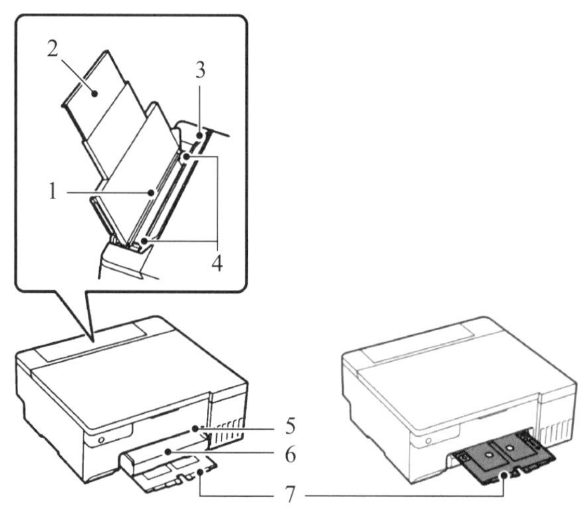

图 2-1　EPSON L18058 型喷墨打印机的正面

二、选择题

1. 喷墨打印机的（　　）是决定打印精度的重要指标，也是决定打印的图像是否具有颗粒感的关键因素。

A. 分辨率　　B. 墨滴大小　　C. 色彩合成技术　　D. 打印速度

2.（　　）是指打印机可以打印纸张的大小。

A. 打印速度　　B. 分辨率　　C. 打印幅面　　D. 打印精度

3. 下列关于喷墨打印机的打印速度的描述中，正确的是（　　）。

A. 喷墨打印机的打印速度可分为黑白打印速度和彩色打印速度，二者没有区别

B. 黑白打印通常用于文本打印，黑白打印速度要比彩色打印速度慢一点

C. 彩色打印通常用于彩色图片打印，由于计算机处理彩色图片的时间较长，彩色图片的打印速度要比黑白图片的打印速度慢

D. 黑白打印速度和彩色打印速度会根据喷墨打印机型号的不同而有所区别，因此，黑白打印速度快还是彩色打印速度快，要根据喷墨打印机的型号来确定

4. 在选购喷墨打印机的墨盒时，应（　　）。

A. 查看打印效果，墨盒卖场一般会有使用不同墨盒的打印效果，可以直接观察其

打印质量

B. 查看墨盒的包装，假劣墨盒上的密封塑料贴纸松散不平，很容易用手撕下来

C. 看售后服务，在选购墨盒之前要了解生产厂商的售后服务内容和服务水平

D. 以上选项都对

5. 下列有关选购连续供墨系统的描述中，错误的是（　　）。

A. 连续供墨系统的生产厂家较多，质量参差不齐，应注意选择口碑较好的厂家

B. 连续供墨系统主要通过线下代理商或网络销售，不同商家的价格差异较大，在购买时应注意考虑性价比

C. 目前，连续供墨系统主要针对 EPSON 系列打印机、Canon 打印机和 HP 打印机设计，在选购时应判断购置的打印机是否能使用，并根据机型选择相匹配的连续供墨系统

D. 目前，市场上的连续供墨系统都是通用的，任何品牌的打印机都可以适配

6. 在 EPSON L18058 型喷墨打印机的控制面板上，（　　）表示“网络连接状态”按钮。

A. ⏻　　B. Wi-Fi　　C. 　　D.

7. 在确保连接了电源线的情况下，按下 EPSON L18058 型喷墨打印机的⏻按钮，“Wi-Fi”按钮旁边的两盏指示灯交替闪烁，直到⏻按钮亮起，则可以进行（　　）。

A. 连接网络　　B. 充墨过程　　C. 更新软件　　D. 加纸过程

8. EPSON L18058 型喷墨打印机的充墨过程大约需要（　　）min，当⏻按钮不再闪烁时，表示充墨过程已经完成。

A. 5　　B. 10　　C. 7　　D. 30

9. 下列有关 EPSON L18058 型喷墨打印机添加墨水的描述中，错误的是（　　）。

A. 添加墨水时，一定要保证墨仓的颜色与要补充的墨水颜色相匹配

B. 在为新打印机添加墨水时，应保持墨水瓶竖直放置，否则墨水有可能泄漏

C. 为已经使用过的打印机添加墨水时，添加前要检查墨仓的上刻度线

D. 为打印机添加墨水时，为了加快添加墨水的速度，可以用手捏或倾斜墨水瓶

10. 在清洁喷墨打印机的过程中，应注意（　　）。

A. 不能将水溅到打印机的机械部件或电子元件上

B. 不能使用酒精或涂料稀释剂来清洁打印机，这样可能会损坏打印机的部件和外壳

C. 不能碰撞打印机内部的压辊、导轨等内部部件

D. 以上选项都对

11. 当喷墨打印机出现夹纸故障时，下列操作中错误的是（　　）。

A. 取纸时不能用力过猛，否则有可能会损坏打印机

B. 在取出夹纸时，可以倾斜打印机，或垂直或颠倒放置打印机，以便取出被夹纸张

C. 处理夹纸故障时，不能触摸操作面板上的按钮，也不能运行打印机

D. 不能触碰打印机内部的白色扁平线、半透明薄膜和运输锁

12. 如果 EPSON L18058 型喷墨打印机面板上的和两盏指示灯交替闪烁，表示打印机的（　　）。

A. 运输锁已锁定　　B. 出纸器未拉出

C. 维护箱已经达到使用寿命　　D. 维护箱接近使用寿命

13. 如果 EPSON L18058 型喷墨打印机面板上的亮起，不可能是（　　）。

A. 未装入打印纸　　B. 一次性进纸太多

C. 未正确装入光盘 / 证卡托架　　D. 墨盒缺墨

14. 如果 EPSON L18058 型喷墨打印机的控制面板上出现，不可能是（　　）。

A. 发生了卡纸故障　　B. 没有正确放置光盘

C. 未装入打印纸　　D. 没有正确放置 PVC 证卡

15. 下列选项中，（　　）是正确的。

A. 不能在指示灯闪烁时关闭打印机，否则会损坏打印机

B. 若更换墨盒之后依然存在打印质量问题，要与打印机售后服务中心联系解决

C. 喷墨打印机需定期打印几页纸，以保证打印质量

D. 以上选项都对

三、判断题

1. 以爱普生为代表的压电式喷墨打印机，其新款产品采用了微针点压电喷墨打印技术。（　　）

2. 照片级的喷墨打印机的墨滴一般较小，通常控制在 8 pL（皮升）以内。（　　）

3. 打印幅面是指打印机可以打印纸张的大小。一般情况下，打印幅面主要包括 A4 幅面和 B5 幅面两种。特殊情况下，如打印数码影像时，需要使用 A6 幅面的照片纸，打印工程绘图、大型报表时需要使用 A3 幅面纸张。（　　）

4. 在操作喷墨打印机时，不宜距离打印机太近，否则易吸入墨水的挥发性气体。（　　）

5. EPSON L18058 型喷墨打印机维护箱的主要作用是收集少量的多余墨水。（　　）

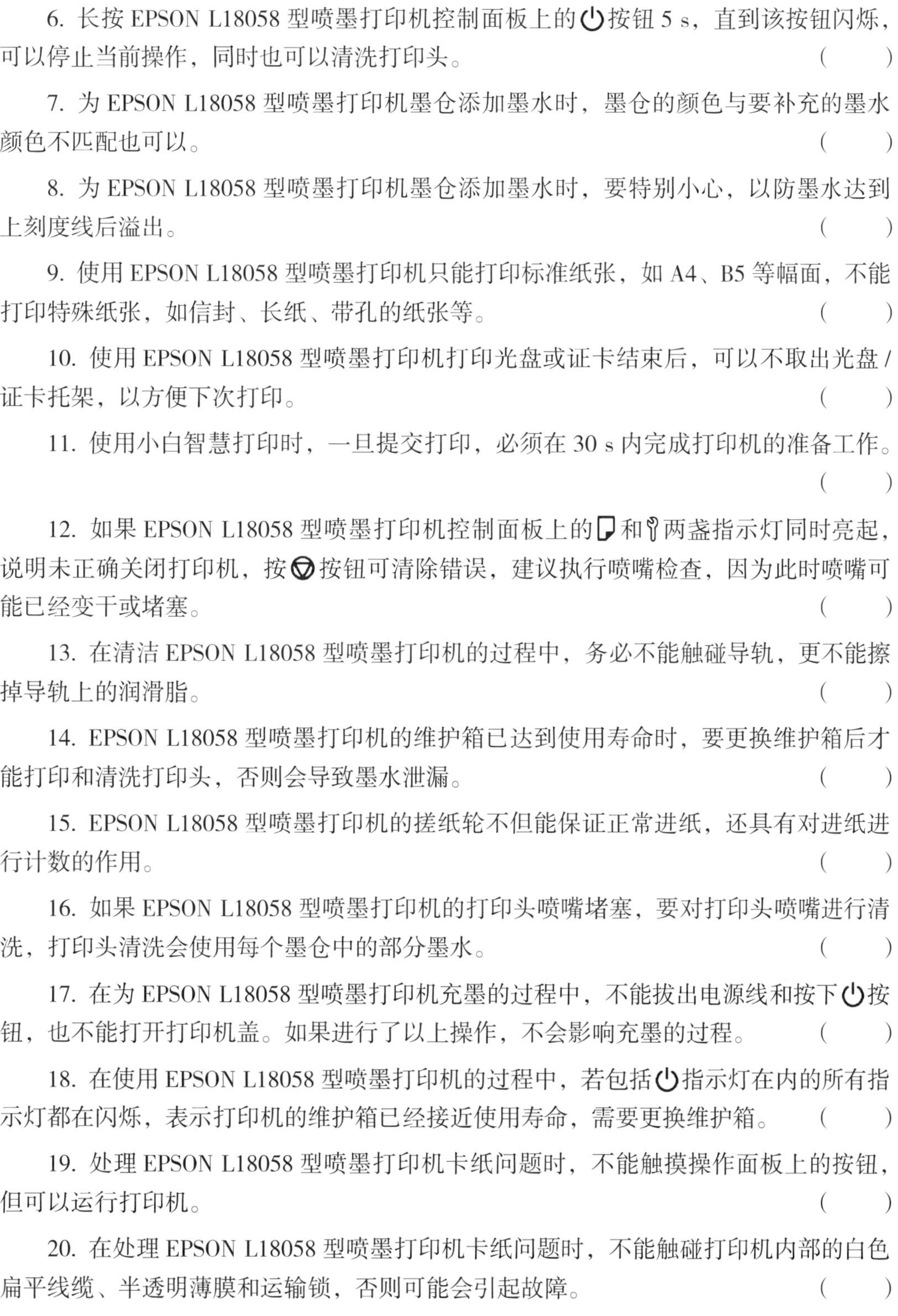

6. 长按 EPSON L18058 型喷墨打印机控制面板上的⏻按钮 5 s，直到该按钮闪烁，可以停止当前操作，同时也可以清洗打印头。（　　）

7. 为 EPSON L18058 型喷墨打印机墨仓添加墨水时，墨仓的颜色与要补充的墨水颜色不匹配也可以。（　　）

8. 为 EPSON L18058 型喷墨打印机墨仓添加墨水时，要特别小心，以防墨水达到上刻度线后溢出。（　　）

9. 使用 EPSON L18058 型喷墨打印机只能打印标准纸张，如 A4、B5 等幅面，不能打印特殊纸张，如信封、长纸、带孔的纸张等。（　　）

10. 使用 EPSON L18058 型喷墨打印机打印光盘或证卡结束后，可以不取出光盘 / 证卡托架，以方便下次打印。（　　）

11. 使用小白智慧打印时，一旦提交打印，必须在 30 s 内完成打印机的准备工作。（　　）

12. 如果 EPSON L18058 型喷墨打印机控制面板上的🗋和🔧两盏指示灯同时亮起，说明未正确关闭打印机，按⊘按钮可清除错误，建议执行喷嘴检查，因为此时喷嘴可能已经变干或堵塞。（　　）

13. 在清洁 EPSON L18058 型喷墨打印机的过程中，务必不能触碰导轨，更不能擦掉导轨上的润滑脂。（　　）

14. EPSON L18058 型喷墨打印机的维护箱已达到使用寿命时，要更换维护箱后才能打印和清洗打印头，否则会导致墨水泄漏。（　　）

15. EPSON L18058 型喷墨打印机的搓纸轮不但能保证正常进纸，还具有对进纸进行计数的作用。（　　）

16. 如果 EPSON L18058 型喷墨打印机的打印头喷嘴堵塞，要对打印头喷嘴进行清洗，打印头清洗会使用每个墨仓中的部分墨水。（　　）

17. 在为 EPSON L18058 型喷墨打印机充墨的过程中，不能拔出电源线和按下⏻按钮，也不能打开打印机盖。如果进行了以上操作，不会影响充墨的过程。（　　）

18. 在使用 EPSON L18058 型喷墨打印机的过程中，若包括⏻指示灯在内的所有指示灯都在闪烁，表示打印机的维护箱已经接近使用寿命，需要更换维护箱。（　　）

19. 处理 EPSON L18058 型喷墨打印机卡纸问题时，不能触摸操作面板上的按钮，但可以运行打印机。（　　）

20. 在处理 EPSON L18058 型喷墨打印机卡纸问题时，不能触碰打印机内部的白色扁平线缆、半透明薄膜和运输锁，否则可能会引起故障。（　　）

四、名词解释

1. 热气泡式喷墨打印机

2. 分辨率

3. 小白智慧打印

4. EPSON L18058 型喷墨打印机维护箱

五、简答题

1. 简述安装喷墨打印机的注意事项。

2. 简述喷墨打印机的主要技术指标。

3. 简述更换 EPSON L18058 型喷墨打印机维护箱的操作步骤。

六、综合应用题

1. 为进一步拓展业务，某小型广告工作室计划购置一台喷墨打印机专门用于照片打印，其具体要求如下。

（1）打印方式选定为热气泡式。

（2）打印分辨率不得低于 300 dpi × 300 dpi。

（3）在打印明信片尺寸的照片时，单页打印时间要小于 50 s；在打印卡片尺寸的照片时，单页打印时间要小于 30 s。

（4）能支持常见类型的存储卡，从而实现直接打印照片的功能。

（5）需适配目前主流的操作系统平台。

（6）纸张类型限定为专用打印纸，包括明信片尺寸、L 尺寸、卡片尺寸、卡片尺寸方形贴纸（同时需配备相应尺寸的纸盒配合使用）。

（7）设备价格需控制在 1 000 元上下。

依据上述要求筛选出三种热气泡式喷墨打印机，并将各种打印机的技术参数填入表 2–1 中，以便帮助该工作室选购到符合其需求的设备。

表 2-1　喷墨打印机的技术参数

设备相关参数	备选设备 1	备选设备 2	备选设备 3
参考价格			
品牌			
型号			
……			

2. 某企业办公室采购的一台 HUAWEI PixLab V1 型喷墨打印机已快递送达。依照以下要求，开展相应操作。

（1）开启打印机包装箱，对照产品说明书，仔细核查箱内附件是否与说明书中所描述的情况一致，依据说明书的指引，拆除运输固定锁。

（2）参照产品说明书，完成喷头、墨水瓶以及纸张等部件的安装操作。

（3）安装打印机驱动程序，随后尝试打印一份文档，以检测打印机能否正常工作。

（4）在手机上安装华为智慧生活 App，利用该 App 进行照片打印操作，测试其无线打印功能。

（5）在小白智慧打印小程序中添加 HUAWEI PixLab V1 型喷墨打印机，并使用该打印机打印一张照片，进一步检验其在不同打印平台上的兼容性。

（6）若打印机在打印过程中出现夹纸故障，需依据产品说明书所提供的方法进行安全、妥善的处理，确保打印机不受损坏且故障得以有效解决。

（7）若打印彩色文档时发生打印不清晰的故障，应尝试根据产品说明书中的故障排查指南和解决方案来处理该问题。

（8）在使用打印机的过程中，一旦发现墨水不足的情况，需查看产品说明书，正确地给打印机添加墨水，明确在操作过程中的注意事项。

项目三
激光打印机的使用与维护

一、填空题

1. 激光打印机是在____________的基础上，结合________________研制开发的一种集光、机、电于一体的办公自动化设备。

2. 按照输出速度不同，激光打印机可分为__________、__________和__________三大类，且输出速度是以______幅面作为衡量标准的。

3. 目前，市面上的激光打印机分辨率普遍能达到________ dpi 及以上。

4. 判断碳粉质量的直观方法如下：使用装有该碳粉盒的激光打印机打印一张全______色的清样，对准光亮处查看纸张上的______色分布是否均匀。

5. 填写图 3-1 所示得力 P2020W 型激光打印机的背面和控制面板中各部件的名称。

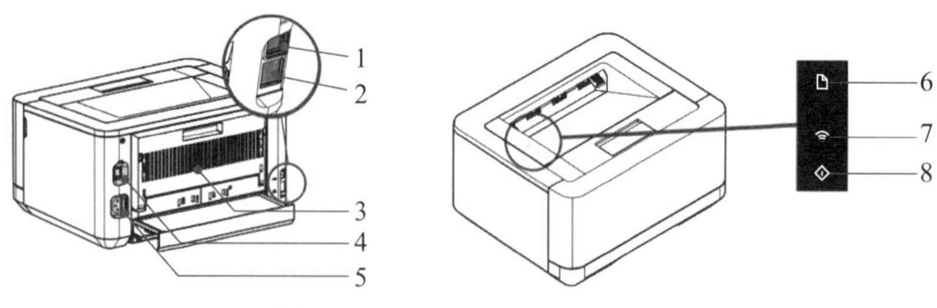

图 3-1　得力 P2020W 型激光打印机的背面和控制面板

1—____________　2—________________　3—________　4—________

5—____________　6—__________　7—__________　8—__________

6. 安装得力 P2020W 型激光打印机的步骤一般分为三步：____________、____________和____________。

7. 首次使用得力 P2020W 型激光打印机前，必须安装打印机驱动程序。可以通过随机光盘或U盘来安装打印机驱动程序，也可以从网站__________________来下载对应的驱动程序。

8. 得力激光打印机可以实现无线打印操作，使用时需要注意____________的安装、____________的稳定以及打印机和计算机需在________________等因素，才能顺利完成打印。

9. __________是一款由得力公司打造的智慧办公管理服务软件，是集通信、协同办公为一体的智慧办公平台，也是得力智能硬件管理平台。

10. 得力P2020W型激光打印机卡纸时，一般需要检查三个区域：___________________、____________以及______________________，并取出被卡住的纸。

11. 如果激光打印机的碳粉盒很长时间未使用，首次打印或前几次打印可能出现________或___________。

二、选择题

1. 某激光打印机的打印速度为每分钟40～60页，则此打印机为（　　）打印机。

A. 低速　　B. 中速　　C. 高速　　D. 特高速

2. 激光打印机的打印速度通常是指打印机每分钟可以打印的页数，通常用（　　）表示。

A. dpi　　B. ppi　　C. ppm　　D. pop

3. 激光打印机的基本工作原理如下：由计算机传来的（　　）数据信息，借助视频控制器转换为视频信号，接着由视频接口与控制系统将该视频信号进一步转换为激光驱动信号，随后激光扫描系统产生携带字符信息的激光束，最终由电子照相系统使激光束成像并转印至纸上。

A. 二进制　　B. 八进制　　C. ASCII码　　D. 国标码

4. 中小企业和SOHO用户日常每次只打印少量文稿，因此，首页输出时间是衡量输出速度快慢的一个重要指标。一般来说，每次打印内容在（　　）页以内的用户，选购打印机时应特别注意首页输出时间。

A. 30　　B. 40　　C. 50　　D. 60

5. 首页输出时间是指在执行打印命令后，输出打印的第一页内容所用的时间，一般的激光打印机在（　　）s内就可以完成首页的输出。

A. 15　　B. 30　　C. 10　　D. 20

6. 长按得力P2020W型激光打印机控制面板上的按钮并保持（　　）s以上，打印机会自动打印配置报告。

A. 3　　B. 5　　C. 7　　D. 10

7. 下列选项中正确的是（　　）。

A. 得力 P2020W 型激光打印机是由得力公司生产的一种进口黑白激光打印机

B. 得力 P2020W 型激光打印机的打印速度为每分钟 25 页，首页输出时间为 6 s

C. 得力 P2020W 型激光打印机的分辨率为 800 dpi × 800 dpi

D. 得力 P2020W 型激光打印机是一种方便快捷的无线打印设备，可以在不需要有线连接的情况下进行打印操作

8. 如果得力 P2020W 型激光打印机控制面板上的 LED 灯不亮，可以（　　）。

A. 检查打印机是否开启　　B. 检查电源插头是否插上

C. 查看电源开关是否打开　　D. 以上选项都对

9. 下列选项中错误的是（　　）。

A. 打开激光打印机前盖，取出打印机内的碳粉盒并前后左右摇晃 5～6 次，可以改善打印质量

B. 拉出碳粉盒封条时，不要触摸感光鼓，在拉出封条后，不要再晃动碳粉盒，也不能将碳粉盒竖直放置

C. 安装好碳粉盒后，如果关闭激光打印机前盖时发现关不上，说明碳粉盒没有安装好

D. 在为打印机装纸时，只要纸盒能装得下，纸张装得越多越好，以减少装纸次数

10. 如果得力 P2020W 型激光打印机驱动程序安装成功，但通过网络添加打印机失败，则下列说法中正确的是（　　）。

A. 计算机系统版本不支持该驱动版本

B. 有其他安全管理软件（如 360、腾讯安全管家等）禁止使用该驱动程序

C. 打印机与计算机不在同一个局域网中，需要查看打印机的 IP 地址并重新添加打印机

D. 打印机没有连接电源或没有关联 SNMP 选项

11. 得力 P2020W 型激光打印机控制面板上的 LED 亮灯模式包括（　　）。

A. 快速闪烁　　B. 亮起 1～5 s 循环闪烁

C. 慢速闪烁　　D. 以上选项都对

12. 得力 P2020W 型激光打印机是一种可以通过（　　）等无线网络连接的打印机，可以在不需要有线连接的情况下，通过计算机、手机或平板计算机等设备来进行打印操作。

A. Wi-Fi　　B. 蓝牙

C. Wi-Fi 或蓝牙　　D. 红外线

13. 若得力 P2020W 型激光打印机控制面板上的◈按钮呈红色慢速闪烁，不可能是（　　）。

A. 后部卡纸　　B. 碳粉盒碳粉不足或已经用完

C. 内存不足　　D. 纸张尺寸不匹配

14. 下列关于激光打印机的日常清洁和保养的叙述中，错误的是（　　）。

A. 在清洁之前，要先关闭激光打印机并拔掉电源线，以免清洁时发生触电事故

B. 用干净的纸巾或棉签轻轻擦拭碳粉盒外表面，去除表面的灰尘和污垢。如果碳粉盒表面有顽固的污垢，可以使用一些清洁液来清洁，但需要注意不要让液体进入碳粉盒内部

C. 碳粉盒底部是碳粉传输的重要部分，如果底部堵塞或者污垢过多，会导致打印机不能正常工作，可以用清洁液来清洁底部和碳粉盒内部

D. 清洗碳粉盒内部需要非常小心，因为碳粉盒内部是非常敏感的部件，不恰当的清洗会导致碳粉盒损坏，需用吸尘器等将墨盒内部的灰尘和碎屑吸走，清洁液体不能进入碳粉盒内部

15. 若得力 P2020W 型激光打印机在驱动程序安装过程中报错或失败，下列选项不可能的是（　　）。

A. 计算机系统版本不支持该驱动版本

B. 计算机用户没有管理员权限启动安装程序

C. 计算机中存在其他安全管理软件（如 360、腾讯安全管家等）禁止使用该驱动程序

D. 打印机长时间未使用，驱动程序的版本太低

三、判断题

1. 激光打印机具有打印速度快、分辨率高、工作噪声小等优点。（　　）

2. 激光打印机的打印质量主要取决于打印机的分辨率大小，与碳粉颗粒的大小也有一定的关系。（　　）

3. 最大打印能力是指打印机在一定时间内所完成的最大打印量，通常以每月打印多少页为衡量标准，如果长期超过最大打印能力，则打印机的使用寿命会延长。（　　）

4. 购买激光打印机时，应特别注意首次购买打印机的成本和日后耗材成本的综合比较。（　　）

5. 在安放激光打印机时，要在打印机四周留有足够的空间，以便操作或维修打印机，打印机距离墙及其他物品至少 200 ~ 220 cm。（　　）

6. 在为得力 P2020W 型激光打印机装纸时，不宜装得太多，不能超过指示线。（ ）

7. 激光打印机在使用过程中可能会出现各种故障，选购时要特别注意厂商的售后服务质量。（ ）

8. 在得力打印助手中可以添加或删除打印机，但只能添加同一网段的打印机，如果打印机不在同一网段，则不能添加。（ ）

9. 若打印机内部过热，会自动进入冷却模式，此时打印机的打印速度会变慢或停止打印，当打印机内部温度变为正常时，会自动终止冷却模式。（ ）

10. 得力 P2020W 型激光打印机在进行无线连接时，需要输入连接网络的初始密码，其密码为 abc@123。（ ）

11. 若得力 P2020W 型激光打印机的⓪按钮呈绿色常亮，说明打印机碳粉盒的碳粉不足或已经用完，必须更换碳粉盒，还有一种可能就是打印机正处于冷却模式中。（ ）

12. 如果打印机提示碳粉盒的碳粉不足，很可能是碳粉分布不均匀所导致的，可以试着取出碳粉盒，从前到后、从上到下晃动几次。（ ）

13. 若打印机驱动程序安装成功但通过 USB 端口添加打印机失败，需确认 USB 电缆是否有明显损坏。若损坏，需更换新的 USB 电缆。（ ）

14. 如果得力 P2020W 型激光打印机卡纸，则打印机不会立即停止进纸，需要手工关闭电源，否则打印机会一直进纸。（ ）

15. 若得力 P2020W 型激光打印机选用了不合适类型或尺寸的纸张，打印时可能会导致纸张卷曲、褶皱或打印的图像变形，或纸张边缘弯曲。（ ）

四、名词解释

1. 得力打印助手

2. 得力云 API

3. 首页输出时间

五、简答题

1. 简述防止激光打印机卡纸的方法。

2. 简述更换得力 P2020W 型激光打印机碳粉盒的步骤。

3. 简述得力 P2020W 型激光打印机提示“发送任务但打印机不工作”的解决方法。

六、综合应用题

1. 为提升工作质量与效率，某公司计划购置一台彩色激光打印机用于文档输出，具体要求如下。

（1）打印幅面应为 A4，需具备网络支持功能，且耗材类型为鼓粉分离式。

（2）打印分辨率应不低于 600 dpi × 600 dpi。

（3）彩色打印速度应在每分钟 30 页及以上，黑白打印速度应在每分钟 40 页及以上。

（4）其操作系统要适配主流系统平台。

（5）打印介质应能支持普通纸、宣传纸张、证券纸、光面纸、预打印纸、预打孔纸、再生纸、相纸、信封、信纸、卡片等多种类型。

（6）纸张类型方面，涵盖专用打印纸，如明信片尺寸、L 尺寸、卡片尺寸、卡片尺寸方形贴纸（使用时需同时配备相应尺寸的纸盒）。

（7）设备预算控制在 3 000 元左右。

按照上述要求筛选三种彩色激光打印机，并将各种打印机的技术参数填入表 3–1 中，以便协助该公司选购到符合需求的设备。

表 3-1　彩色激光打印机的技术参数

相关设备参数	备选设备 1	备选设备 2	备选设备 3
参考价格			
品牌			
型号			
……			

2. 某企业办公室新购置了一台 HP LaserJet Pro 403d 型黑白激光打印机，该设备已通过快递送达。按照以下要求完成相应操作。

（1）开启包装箱，参照产品说明书，仔细核对箱内附件是否与说明书所列一致，并依据说明书拆除运输固定锁。

（2）通过产品说明书熟悉打印机正面、背面、内部以及控制面板上各部件的名称及功能。

（3）按照产品说明书安装打印机，其中包括安装打印驱动程序。

（4）完成打印机安装后，打开一个文档，尝试使用打印机对该文档进行打印。

（5）在手机上安装惠普移动打印 App，并运用此 App 来打印文档。

（6）在小白智慧打印小程序中添加该打印机，使用该打印机打印一张照片，并对照片进行趣味打印操作。

（7）若在使用打印机期间出现夹纸情况，查阅产品说明书了解正确的处理方法。

（8）在打印机使用过程中若发现打印不清晰的现象，查看产品说明书进行妥善处理。

（9）依据产品说明书，尝试对打印机进行保养。

（10）若使用打印机时出现“碳粉不足”的提示，参考产品说明书，对该故障进行正确处理。

项目四
复印机的使用与维护

一、填空题

1. 按照复印机的工作原理，常见的复印机可以分为____________、____________和____________三种。

2. ____________是当今应用最为广泛的复印技术，它借助硒、氧化锌、硫化镉和有机光导体等作为光敏材料，在光线较暗的环境下，光导材料上的电荷接收原稿图像曝光，形成静电潜像，再经显影、转印和定影等流程生成复印品。

3. 复印机的______________的意义在于保证输出原稿的清晰度。

4. 复印机的预热时间越短越好。当前，中端产品的预热时间通常在______ s左右，低端产品的预热时间在__________ s左右。预热时间长短主要取决于复印机产品电子部件的数量与电路的复杂程度，部分高档复印机产品的预热时间反而更长，有时可达__________ s。

5. 安装复印机时，要求电源电压波动范围应控制在额定电压的________ V以内，尽量使用机器原装的____________，并与带地线的________配合使用。

6. 惠普（HP）MFP E78323dn型复印机控制面板上的🏠按钮的功能是_________________________，ℹ按钮的功能是____，❓按钮的功能是____________________________________。

7. 在用户未登录时，轻触惠普（HP）MFP E78323dn型复印机控制面板上的________按钮，会使复印机恢复默认设置。

8. 开启惠普（HP）MFP E78323dn型复印机电源之前，必须先卸下________________。

9. 安装惠普（HP）MFP E78323dn型复印机成像装置时，务必不能触碰________________。

10. 在装入 A4 纸或 Letter 纸张时，纸张的长边应在纸盘的______侧。

11. 惠普（HP）MFP E78323dn 型复印机中的扫描功能包括____________________、____________________、______________、__________________和____________________。

12. 利用惠普（HP）MFP E78323dn 型复印机的复印小册子功能，可将两页或更多页复印或扫描到一张纸的______________。

13. 使用惠普（HP）MFP E78323dn 型复印机时，为防止进纸器卡纸，要将进纸器进纸盘中的________调整至贴合纸张位置，且确保打印纸不________。

14. 复印机可放大或缩小打印图像以适配选定纸张。若要打印折叠复印件且使其对折后与原件页面纸张大小相同，应选择______倍于原件大小的纸张打印。

15. 惠普（HP）MFP E78323dn 型复印机在打印或复印时，纸屑、碳粉和灰尘易在打印机内部积聚并引发质量问题，此时，建议使用______________处理。

二、选择题

1. 下列选项中，（　　）不是静电复印机的主要部分。

A. 原稿的照明和聚焦部分

B. 光导体上形成的潜像和对潜像进行显影部分

C. 光化学热敏部分

D. 复印纸的进给、转印和定影部分

2. 一般情况下，复印机的分辨率为（　　）dpi 就可以满足普通文本的复印要求。

A. 600　　B. 1 200　　C. 2 400　　D. 800

3. 复印机的运行速度主要包括（　　）。

A. 输出速度　　B. 预热时间　　C. 首页输出时间　　D. 以上选项都对

4. 对于月复印量在 3 000 张纸以下的企业，可以选择复印速度为每分钟（　　）页以下的复印机。

A. 20　　B. 25　　C. 30　　D. 40

5. 下列关于复印机安放条件的描述中，正确的是（　　）。

A. 复印机应安放在远离水及其他易燃或具有腐蚀性气体的位置

B. 应在少尘的环境中使用，放置在坚固的平台上，使之不会随机器的运转而晃动

C. 复印机靠墙处应留 15 cm 以上的空间作为通风风道，其前面和左右两侧也应留有足够的空间，以便于机器的操作、耗材的更换和维修保养

D. 以上选项都对

6. 通过惠普（HP）MFP E78323dn 型复印机的控制面板，可以访问复印机的各项功能，并显示复印机的当前状态，可以随时通过按下（　　）按钮来返回主页屏幕，该按钮位于控制面板的（　　）侧。

A. 🏠　左　　B. 🏠　右

C. ⓘ　左　　D. ❓　右

7. 如果需扫描文档并将文档发送到传真机，应轻触惠普（HP）MFP E78323dn 型复印机控制面板上的（　　）按钮。

A.　　B.

C.　　D.

8. 将惠普（HP）MFP E78323dn 型复印机从包装箱中取出后，其成像鼓、碳粉收集装置和其他耗材需要在新环境中适应（　　）h。如果复印机是在 0 ℃以下的环境中存放和使用的，那么适应的时间应更长。

A. 4　　B. 10

C. 12　　D. 24

9. 安装惠普（HP）MFP E78323dn 型复印机成像鼓装置时，下列操作中错误的是（　　）。

A. 先从泡沫包装和塑料袋中取出成像鼓装置，接着取下白色保护盖，在此过程中切勿触碰成像鼓表面

B. 安装成像鼓装置时，用一只手握住其底部，用另一只手握住其正面手柄，将成像鼓装置顶部的沟槽与开口顶部的导板对齐后进行安装

C. 将成像鼓装置锁向上放置，以便使成像鼓装置锁定位准确，接着安装剩余的成像鼓，安装时需确认每个锁杆朝上，并且每个碳粉耗材遮挡板均处于打开状态

D. 将成像鼓装置锁向上放置，以便使成像鼓装置锁定位准确，接着安装剩余的成像鼓，安装时需确认每个锁杆朝下，并且每个碳粉耗材遮挡板均处于关闭状态

10. 惠普（HP）MFP E78323dn 型复印机在首次使用时需要初始化。先将电源线连接到复印机，然后打开电源，按下控制面板下方的按钮，按照控制面板的提示设置国家 / 地区、语言、日期和时间等内容。等待 5 ~ 10 min，使复印机完成初始化过程。在此期间，复印机还会打印一些配置页，当打印页上出现（　　）时，表示首次初始化已经完成。

A. 1　　B. 10

C. HP　　D. HP1

11. 轻触惠普（HP）MFP E78323dn 型复印机控制面板上的（　　）按钮，可以完

成扫描作业。

A.  　　　　B.

C.  　　　　D.

12. 若要利用惠普（HP）MFP E78323dn 型复印机输出页面右边 / 左边翻转，呈现类似书籍一样的效果，那么应在“输出面数”中选择（　　）。

A. 匹配原件　　　　B. 单面

C. 双面（书籍样式）　　　　D. 双面（翻转样式）

13. 若要利用惠普（HP）MFP E78323dn 型复印机输出页面顶边 / 底边翻转，呈现类似日历一样的效果，那么应在“输出面数”中选择（　　）。

A. 匹配原件　　　　B. 单面

C. 双面（书籍样式）　　　　D. 双面（翻转样式）

14. 在更换惠普（HP）MFP E78323dn 型复印机碳粉收集装置时，下列操作中错误的是（　　）。

A. 若复印机收到更换碳粉盒或碳粉收集装置的提示信息，或者复印质量出现问题，且已排除碳粉不足的情况，需要考虑更换碳粉收集装置

B. 从复印机中向外拉出碳粉收集装置时，应使其保持水平状态，以确保废碳粉不会溢出

C. 先打开复印机的前挡盖，接着拉动碳粉收集装置两侧的卡舌，然后将其平直拉出

D. 对于完全卸下的碳粉收集装置，应将有孔的一面朝下放置，这样可防止废碳粉弄脏手部与衣物，之后要及时将换下的碳粉收集装置丢弃到垃圾桶中

15. 在检查惠普（HP）MFP E78323dn 型复印机碳粉盒的预估剩余寿命时，以及在其他可更换维护部件状态的操作中，下列操作中错误的是（　　）。

A. 在复印机控制面板的主屏幕上，首先选择“报告”菜单，接着在其中选择“配置 / 状态页”菜单，再选择“耗材状态页”，最后选择“打印”，这样就能打印出耗材状态报告页

B. 通过查看耗材报告，可以检查碳粉盒剩余寿命的百分比，若存在适用情况，还能检查其他可更换维护部件的状态

C. 一旦确定需要更换碳粉盒或者其他可更换的维护部件，复印机便会提示需要更换，然而耗材状态页并不会显示原装 HP 部件编号

D. 在耗材严重不足时，耗材状态页会给出提示，在 HP 耗材达到严重不足的阈值后，HP 对该耗材的高级保护就会终止

16. 若惠普（HP）MFP E78323dn 型复印机的纸张在出纸盒中未整齐堆放，其原因不可能是（　　）。

A. 纸张严重卷曲　　B. 碳粉盒安装不正确

C. 纸张为非标准纸张类型或出纸盘太满　D. 纸盘中的纸张褶皱或变形

17. 若使用惠普（HP）MFP E78323dn 型复印机复印时复印件上出现深色垂直线条，则下列操作中错误的是（　　）。

A. 卸下碳粉盒，轻轻晃动，使碳粉重新分布均匀，之后将碳粉盒插回原位并合上盖板

B. 重新复印该文档或打印清洁页

C. 检查碳粉盒中的碳粉量是否充足

D. 若出纸盒已满，在其过满之前从纸盘中取出部分纸张

18. 若惠普（HP）MFP E78323dn 型复印机复印时不能从纸盘中拾纸，则下列操作中错误的是（　　）。

A. 打开复印机，检查其内部是否卡有碎纸

B. 查看复印机纸盘内是否装入了适合当前作业的纸张

C. 若出纸盒已满，在其过满之前从纸盘中取出部分纸张

D. 检查复印机控制面板上是否已正确设置了纸张尺寸与类型

19. 若惠普（HP）MFP E78323dn 型复印机复印时从纸盘中一次拾取多张纸，应（　　）。

A. 先从纸盘中取出纸叠，将其弯曲并旋转 180° 后再放回纸盘中

B. 确保所使用的纸张符合惠普（HP）MFP E78323dn 型复印机的规格要求，且纸张无褶皱、无折痕、未受损

C. 检查纸盘中纸叠的高度是否过高，并保证所有纸张均处于纸叠高度标记附近的压片之下

D. 以上选项都对

20. 若惠普（HP）MFP E78323dn 型复印机复印时整个复印页面都为黑色，则可能的原因是（　　）。

A. 碳粉盒已损坏

B. 碳粉盒安装不正确

C. 纸张类型与打印设置中的纸张类型不匹配

D. 需要更换碳粉盒

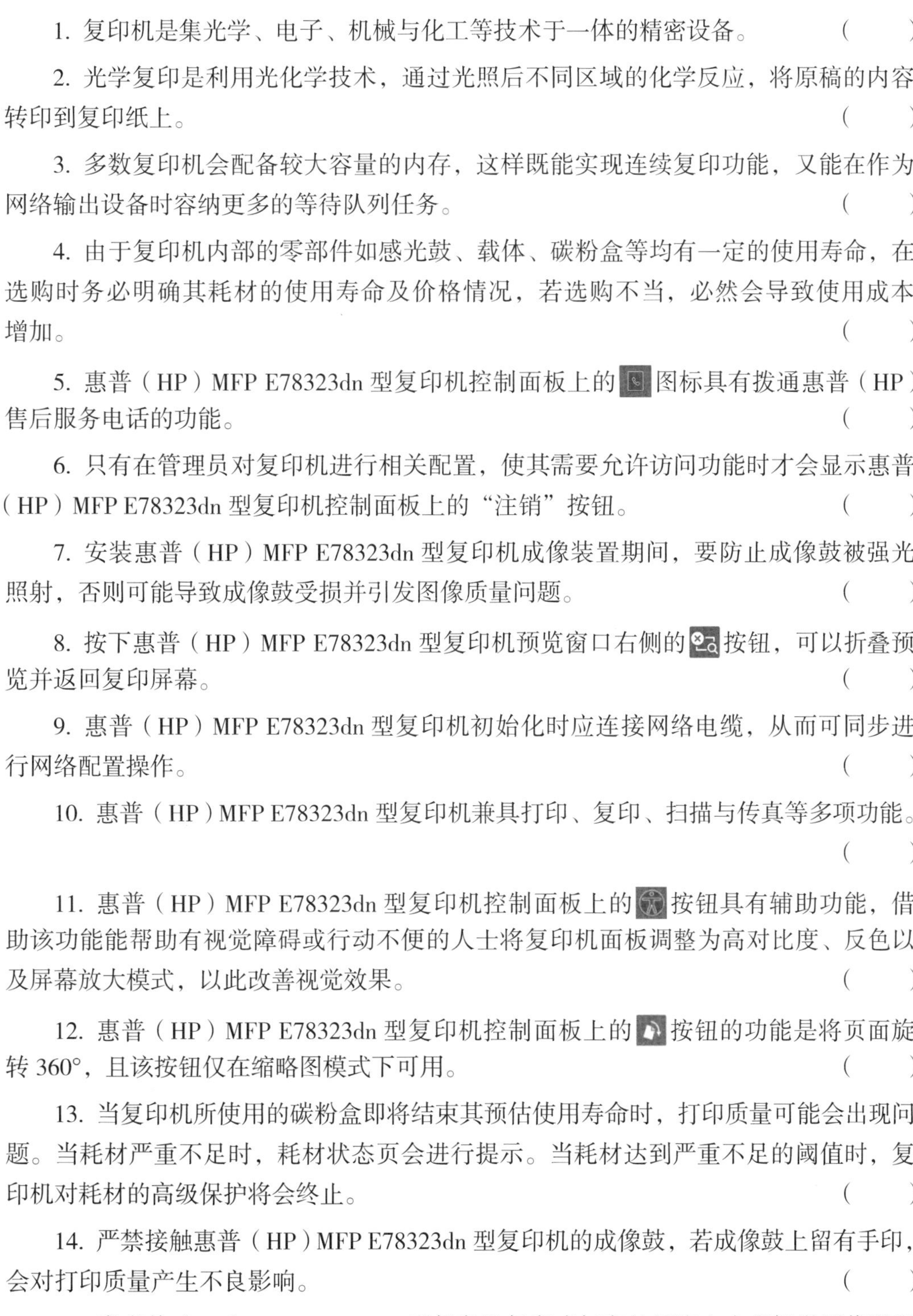

三、判断题

1. 复印机是集光学、电子、机械与化工等技术于一体的精密设备。（　　）

2. 光学复印是利用光化学技术，通过光照后不同区域的化学反应，将原稿的内容转印到复印纸上。（　　）

3. 多数复印机会配备较大容量的内存，这样既能实现连续复印功能，又能在作为网络输出设备时容纳更多的等待队列任务。（　　）

4. 由于复印机内部的零部件如感光鼓、载体、碳粉盒等均有一定的使用寿命，在选购时务必明确其耗材的使用寿命及价格情况，若选购不当，必然会导致使用成本增加。（　　）

5. 惠普（HP）MFP E78323dn 型复印机控制面板上的图标具有拨通惠普（HP）售后服务电话的功能。（　　）

6. 只有在管理员对复印机进行相关配置，使其需要允许访问功能时才会显示惠普（HP）MFP E78323dn 型复印机控制面板上的“注销”按钮。（　　）

7. 安装惠普（HP）MFP E78323dn 型复印机成像装置期间，要防止成像鼓被强光照射，否则可能导致成像鼓受损并引发图像质量问题。（　　）

8. 按下惠普（HP）MFP E78323dn 型复印机预览窗口右侧的按钮，可以折叠预览并返回复印屏幕。（　　）

9. 惠普（HP）MFP E78323dn 型复印机初始化时应连接网络电缆，从而可同步进行网络配置操作。（　　）

10. 惠普（HP）MFP E78323dn 型复印机兼具打印、复印、扫描与传真等多项功能。（　　）

11. 惠普（HP）MFP E78323dn 型复印机控制面板上的按钮具有辅助功能，借助该功能能帮助有视觉障碍或行动不便的人士将复印机面板调整为高对比度、反色以及屏幕放大模式，以此改善视觉效果。（　　）

12. 惠普（HP）MFP E78323dn 型复印机控制面板上的按钮的功能是将页面旋转 360°，且该按钮仅在缩略图模式下可用。（　　）

13. 当复印机所使用的碳粉盒即将结束其预估使用寿命时，打印质量可能会出现问题。当耗材严重不足时，耗材状态页会进行提示。当耗材达到严重不足的阈值时，复印机对耗材的高级保护将会终止。（　　）

14. 严禁接触惠普（HP）MFP E78323dn 型复印机的成像鼓，若成像鼓上留有手印，会对打印质量产生不良影响。（　　）

15. 当惠普（HP）MFP E78323dn 型复印机复印或打印的纸张上出现轻微图像阴影

或偏移且在页面上重复出现，并且图像可能随着每次重复出现而变浅时，应检查碳粉盒中的碳粉是否充足，若不足应及时添加碳粉或更换碳粉盒。（　　）

四、名词解释

1. 热敏复印

2. 预热时间

五、简答题

1. 简述常见复印机的技术指标。

2. 简述复印机的安装环境要求。

3. 简述惠普（HP）MFP E78323dn 型复印机输出面数的类型。

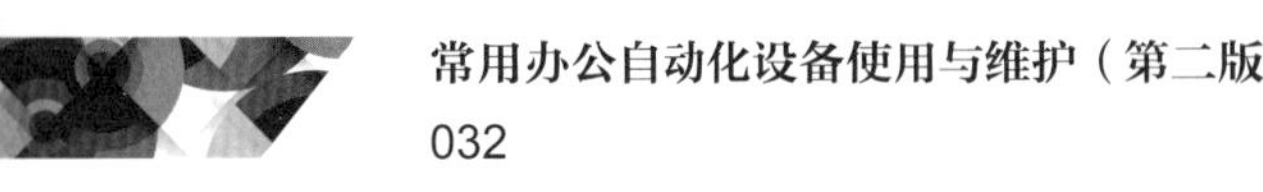

4. 简述惠普（HP）MFP E78323dn 型复印机打印清洁页的步骤。

5. 惠普（HP）MFP E78323dn 型复印机在复印时，若出现图像或文本颜色比预期深，或者背景为灰色的情况，简述可以采用的解决措施。

6. 在惠普（HP）MFP E78323dn 型复印机的使用过程中，若频繁出现或者反复发生卡纸情况，简述可以采用的解决措施。

六、综合应用题

1. 为了提升产品设计效果与工作效率，某广告公司计划购置一台彩色复印机用于输出设计文档，其具体需求如下。

（1）最大复印幅面需达到 A3，同时具备复印、打印和扫描功能。

（2）内存容量应在 1 GB 及以上，机载硬盘容量为 160 GB。

（3）纸盒容量不少于 500 页，打印介质质量为 60 ~ 160 g/m^2。

（4）每分钟复印页数不少于 20 页，复印分辨率为 600 dpi × 600 dpi 及以上，缩放范围为 25% ~ 400%，连续复印页数为 1 ~ 999 页。

（5）耗材可选黑色、黄色、品红色、蓝色碳粉盒。

（6）配备 USB 3.0 或更高级别的接口以及网络接口等。

（7）每分钟打印页数不少于 20 页，且打印分辨率为 600 dpi × 600 dpi 及以上。

（8）适用于当前主流操作系统。

（9）设备价格控制在 20 000 元左右。

请按照上述要求筛选三种彩色复印机，并将各种复印机的技术参数填入表 4–1 中，以便协助客户选购到符合需求的设备。

表 4–1　彩色复印机的技术参数

相关设备参数	备选设备 1	备选设备 2	备选设备 3
参考价格			
品牌			
型号			
……			

2. 某企业办公室购买了一台佳能 iR C3226 型复印机，该设备已经通过快递送达，请依据以下要求，完成相应的操作。

（1）打开包装箱，依据产品说明书检查包装箱内的附件是否与说明书所列一致。

（2）依据产品说明书，去除运输固定锁。

（3）依据产品说明书，了解复印机正面、背面、内部以及控制面板上各个部件的名称和功能。

（4）依据产品说明书安装复印机、碳粉盒、成像装置等。

（5）依据产品说明书复印测试页。

（6）利用佳能 iR C3226 型复印机复印 50 份试卷，注意试卷纸张幅面为 16 开，需要先将试卷复印到 A4 纸上。

（7）扫描一份试卷并存储到复印机中。

（8）把 4 页内容复印成一个小册子并复印 50 份。

（9）结合产品说明书，研究该复印机的其他功能。

（10）若复印机在工作过程中发生了夹纸故障，查看产品说明书，进行安全处置。

（11）若利用该复印机复印彩色文档时出现复印不清晰的问题，查看产品说明书，处理该问题。

（12）查看产品说明书，试着正确保养复印机。

（13）在复印过程中发现复印机出现质量缺陷，查看产品说明书，试着给复印机添加碳粉。

项目五
多功能复合机的使用与维护

一、填空题

1. 按采用的扫描技术的不同来划分，常见的多功能复合机可以分为__________和_________两大类。

2. 多功能复合机的复印缩放比是指通过多功能复合机将复印对象放大或缩小的比率范围，一般能有____________的复印缩放比就可以满足日常需要。

3. _________是人们最为常见的扫描方式，即把原稿放在玻璃平台上，由图像传感器移动获得完整的图像。

4. HUAWEI PixLab X1 型多功能复合机操作面板上的图标的功能是_________，图标的功能是___________。

5. HUAWEI PixLab X1 型多功能复合机应放置在阴凉通风处，水平稳固放置，确保可稳定接收_________信号，复合机背后需预留_____ cm 以上的空间。

6. HUAWEI PixLab X1 型多功能复合机配置网络时支持______________，不支持______________，不支持机场、酒店等场所的____________（需要网页认证的 Wi-Fi 热点）。

7. HUAWEI PixLab X1 型多功能复合机支持靠近发现网络，但仅支持______________系统的手机或平板计算机。

8. 在配置 HUAWEI PixLab X1 型多功能复合机网络连接时，如果路由器开启了防火墙、MAC 地址物理隔离等功能，复合机可能无法自动获取__________，将导致配置网络失败。需关闭相关功能，或者将复合机的 MAC 地址加入路由器的_________后再重启。

9. HUAWEI PixLab X1 型多功能复合机没有可用的 Wi-Fi 时，可以尝试用热点直连打印或用__________连接复合机，但在热点模式下仅支持_______，不支持_______。

10. 长按 HUAWEI PixLab X1 型多功能复合机控制面板上的ⓧ键______ s，控制面板上数字键区域会显示“88”，这时会听到“滴”声，等待数字键区域显示为______后，需重启复合机，复合机将进行初始化。需等待______ min，待数字键再次显示________，表明复合机恢复了出厂设置，此时需要重新____________。

11. 若是安装了____________________操作系统的计算机，还可以通过华为计算机管家使用复合机扫描功能。

二、选择题

1. 下列关于多功能复合机的主要技术指标的描述中，错误的是（　　）。

A. 多功能复合机的复印功能实际上是通过用户打印部件和复印部件的有机组成来实现的，因此，打印分辨率直接影响打印和复印的清晰度

B. 打印速度是指在 1 min 之内设备能打印 A4 幅面的纸张数，该数值越高，打印速度越快。由于复印功能的输出也是通过打印设备来实现的，因此，一般来说，打印速度和复印速度基本是一致的

C. 多功能复合机的扫描部件除了实现自身扫描功能之外，还有一个重要的任务就是为复印功能提供支持，其扫描光学分辨率基本上为 600 dpi × 600 dpi ~ 1 200 dpi × 600 dpi

D. 多功能复合机的连续复印能力是指多功能复合机对复印对象进行多次扫描之后，可以一次输出多页的数量，连续复印量越大，复印功能也就越强大

2. HUAWEI PixLab X1 型多功能复合机控制面板上的((•))表示（　　）。

A. HUAWEI Share 感应区域　　B. 复合机网络连接状态

C. 复合机未联网　　D. 复合机已联网

3. HUAWEI PixLab X1 型多功能复合机控制面板上的Ⓦ表示（　　）。

A. HUAWEI Share 感应区域　　B. 复合机网络连接状态

C. 复合机未联网　　D. 复合机已联网

4. 如果 HUAWEI PixLab X1 型多功能复合机控制面板上的▶呈（　　），表示复合机目前处于工作状态。

A. 白色常亮　　B. 白色闪烁

C. 红色常亮　　D. 红色闪烁

5. 用手机或平板计算机为 HUAWEI PixLab X1 型多功能复合机配置网络时，如果未发现复合机或连接失败，则可长按复合机的Ⓦ（　　）s，重置后再次配置。

A. 1　　B. 3　　C. 5　　D. 10

6. 由于 HUAWEI PixLab X1 型多功能复合机的操作系统不同，驱动程序文件类型也有差别，如果是 Windows 操作系统，则驱动文件为（　　）。

A. PixLab_Series for Windows V1.122.exe

B. install.sh

C. install.exe

D. PixLab.ext

7. 长按 HUAWEI PixLab X1 型多功能复合机控制面板上的▶ 3 s，可以（　　）。

A. 恢复出厂设置　　B. 查看复合机的基本信息

C. 取消操作　　D. 发现网络

8. 如果在 HUAWEI PixLab X1 型多功能复合机控制面板上的数字键区域显示“CC”，则表示（　　）。

A. 碳粉已经耗尽或即将耗尽　　B. 纸盒无纸

C. 硒鼓的使用寿命耗尽　　D. 上盖、前盖或后盖开启

9. 如果在 HUAWEI PixLab X1 型多功能复合机控制面板上的数字键区域显示“BC”，则表示（　　）。

A. 复合机内部或背面卡纸　　B. 纸张不能顺利排出

C. 复合机内部有纸张残留　　D. 一次送入多张纸

10. 如果 HUAWEI PixLab X1 型多功能复合机出现卡纸报错，应考虑在通电状态下使用自动排纸功能输出卡纸，只要先开后关（　　），此时复合机会自动排出纸。但要注意，如果自动排纸失败，则需要手动排纸。

A. 顶盖　　B. 前盖

C. 后盖　　D. 前盖或后盖

11. S/N 号即产品序列号，是产品的身份证号码，又称机器码、认证码、注册申请码等。可以通过（　　），查看 HUAWEI PixLab X1 型多功能复合机的 S/N 号。

A. 复合机的铭牌或包装盒

B. 复合机信息页

C. 连接华为智慧生活或华为计算机管家等

D. 以上选项都对

12. 若 HUAWEI PixLab X1 型多功能复合机没有关闭上盖、前盖或后盖，则控制面板上会出现的故障代码为（　　）。

A. C2　　B. C3　　C. C1　　D. CC

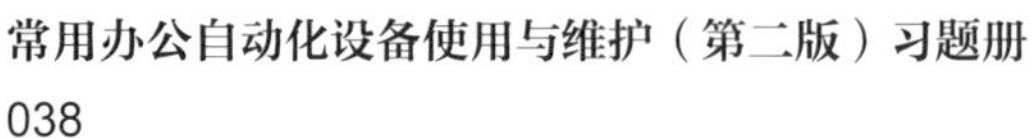

13. 使用华为 HUAWEI PixLab X1 型多功能复合机扫描时，默认的扫描颜色为（　　）。

A. 彩色　　B. 黑白
C. 灰度　　D. 以上选项都对

14. 如果 HUAWEI PixLab X1 型多功能复合机控制面板上的▶按钮呈白色闪烁，则表示复合机处于（　　）状态。

A. 待机　　B. 工作　　C. 故障　　D. 配网

15. 使用华为 HUAWEI PixLab X1 型多功能复合机进行双面打印时，如果纸张不能顺利回退，则在控制面板上会显示的故障代码为（　　）。

A. BF　　B. BE　　C. BC　　D. BA

三、判断题

1. 采用平台式扫描的复合机通常使用电荷耦合器件传感器，能以较高的分辨率和出色的还原能力获取精美的图像。（　　）

2. 复合机的复印速度与打印速度不一定相同，一般而言，复印速度要快一点，打印速度则较慢。（　　）

3. 如果 HUAWEI PixLab X1 型多功能复合机控制面板上的按钮呈蓝色闪烁，则表示有设备正通过直连打印连接设备，触按可确认连接。（　　）

4. 轻触 HUAWEI PixLab X1 型多功能复合机控制面板上的按钮，则表示进入 ID（身份证）复印模式。（　　）

5. 若 HUAWEI PixLab X1 型多功能复合机控制面板上的数字键区域显示 08，代表当前选择的复印份数或显示错误代码。（　　）

6. 即便打印机不在身旁，用户也能借助华为智慧生活 App 或者微信中的华为打印小程序，对手机或平板计算机中的文件进行远程打印，这种方式快捷且便利。（　　）

7. 如果在使用 HUAWEI PixLab X1 型多功能复合机的打印、复印、扫描过程中长按⊗键，听到“滴”声，即可取消当前操作。（　　）

8. 在使用 HUAWEI PixLab X1 型多功能复合机打印文档时，需对相关参数予以设置，其默认的打印份数为一份，默认采用单面打印模式，且纸张默认为 A4 规格的普通纸张。（　　）

9. HUAWEI PixLab X1 型多功能复合机具有一碰打印功能，只要是带有 NFC 功能的 MacOS、Android 系统手机或平板计算机，都可以通过设置实现一碰打印。（　　）

10. HUAWEI PixLab X1 型多功能复合机重新启动后，复合机的热点名称和密码会变更为初始密码。（　　）

11. HUAWEI PixLab X1 型多功能复合机的最佳扫描分辨率为 1 200 dpi。（　　）

12. HUAWEI PixLab X1 型多功能复合机控制面板上显示“C0”表示纸张不能顺利进入复合机。（　　）

13. HUAWEI PixLab X1 型多功能复合机纸盘不能装入过多纸张，其最多可容纳 150 张 70 g/m^2 的纸张。（　　）

14. 如果 HUAWEI PixLab X1 型多功能复合机操作面板上的红色亮起并显示代码为“bF”，表明需更换硒鼓。（　　）

15. 更换 HUAWEI PixLab X1 型多功能复合机的硒鼓时，在拿出新硒鼓后，需轻轻水平摇晃硒鼓 3～4 次，并注意不要翻转硒鼓。（　　）

四、名词解释

1. 华为智慧生活 App

2. 扫描光学分辨率

3. 馈纸式复合机

五、简答题

1. 按照产品原型对多功能复合机进行分类时，有哪几种类型？

2. 简述图 5-1 所示 HUAWEI PixLab X1 型多功能复合机的控制面板上各组件的名称和功能。

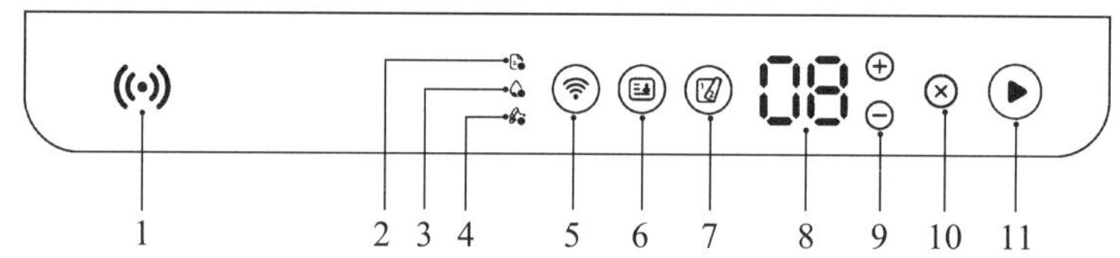

图 5-1　HUAWEI PixLab X1 型多功能复合机的控制面板

3. 简述 HUAWEI PixLab X1 型多功能复合机执行靠近发现网络功能的操作步骤。

4. 简述使用 HUAWEI PixLab X1 型多功能复合机，通过微信中的华为打印小程序来打印文档的操作步骤。

5. 简述使用 HUAWEI PixLab X1 型多功能复合机复印身份证的操作步骤。

6. 使用 HUAWEI PixLab X1 型多功能复合机时，应如何避免卡纸？

六、综合应用题

1. 为了提升工作质量与效率，某公司计划购置一台彩色多功能复合机，以便进行文档输出，其具体要求如下。

（1）打印方式确定为彩色激光，且需具备打印、扫描、复印三项功能。

（2）打印分辨率和扫描分辨率应不低于 600 dpi × 600 dpi。

（3）纸张类型以最大 A4 打印纸为标准，A4 纸打印速度不低于每分钟 20 页。

（4）复印缩放比为 25% ~ 400%，为固定倍率且具备 1% 增幅。

（5）扫描类型选定为平板式。

（6）其操作系统要适配主流系统平台。

（7）设备价格需控制在 3 000 元左右。

依照上述要求筛选三种彩色多功能复合机，并将各种多功能复合机的技术参数填入表 5-1 中，用于协助该公司选购到符合需求的设备。

表 5-1　彩色多功能复合机的技术参数

相关设备参数	备选设备 1	备选设备 2	备选设备 3
参考价格			
品牌			
型号			
……			

2. 某企业办公室购置的一台惠普（HP）M437dn 型多功能复合机已由快递送达。按照以下要求完成相应操作。

（1）开启包装箱，对照产品说明书检查包装箱内的附件与产品说明书所列是否一致。

（2）根据产品说明书，拆除运输固定锁。

（3）参照产品说明书，了解该复合机控制面板以及各个部件的名称与功能。

（4）尝试根据产品说明书完成复合机的安装工作。

（5）对复合机进行各类配置的尝试操作。

（6）在手机端下载华为智慧生活 App。

（7）运用华为智慧生活 App 执行文档与图片的打印任务。

（8）启用手机的 NFC 功能，借助一碰打印功能实现文档与图片的打印。

（9）尝试通过微信小程序、局域网以及复合机热点直连的方式进行文档和图片的打印操作。

（10）利用与复合机相连接的计算机进行文档和图片的打印工作。

（11）将纸质文档扫描到手机中，保存为 PDF 文件格式。

（12）将纸质文档扫描到计算机中，保存为 PDF 文件格式。

（13）使用复合机对纸质文档分别进行单面复印、双面复印以及 N 合一复印操作。

（14）直接利用复合机完成身份证的复印工作。

（15）借助手机对纸质文档进行单面复印、双面复印和 N 合一复印操作。

（16）通过计算机对纸质文档进行单面复印、双面复印和 N 合一复印操作。

（17）查阅产品说明书，能描述复合机常见故障以及对应的错误代码，并能对设备执行恢复出厂设置以及重置网络的操作。

（18）在复合机使用过程中，若控制面板提示需要更换硒鼓，应能正确完成硒鼓的更换。

（19）若复合机在使用过程中突然停止运行，且控制面板显示卡纸，需能正确清理卡纸。

项目六 投影仪的使用与维护

一、填空题

1. 依据采用投影技术的不同来划分，常用的投影仪可以划分为________________、________________、________________和______________等。

2. 在投影仪的技术指标中，F 值代表镜头的__________，F 值越小，表示镜头的__________越好；而 f 值表示镜头的__________。

3. 投影屏幕的宽高比是指屏幕画面横向和纵向尺寸的比例关系，该比例可以用两个整数之比来表示，常见的有________和________。

4. 投影仪的________成本约占投影仪总成本的 30%，购买何种类型的________，要依据投影仪的使用频率来决定，以免造成浪费。

5. 焦距用数值来表示，数值越______，表示焦距越短；数值越______，表示焦距越长。

6. 投影仪的色彩数是指屏幕上最多能显示的颜色种类，对于屏幕上的每一个像素而言，256 种颜色需用______位二进制表示。

7. 操作 inASK CX460 型投影仪遥控器时，需将遥控器对准投影仪的遥控接收窗（位于投影仪的前面和背面），遥控器的有效操作范围为投影仪前方或后方约______ m 距离内，以及直线距离约______ m 且角度在左右______范围内均可进行操作。

8. 若将 inASK CX460 型投影仪与计算机进行连接，可用的电缆线有____________、____________________和____________等。

9. 在开启投影仪之后，需等待至少______ min 方可关闭，此外，应避免长时间连续使用投影仪，因为长时间连续使用会缩短灯泡的使用寿命。在______ h 内一定要关机一次，让投影仪得以休息约 1 h。

10. inASK CX460 型投影仪支持__________连接功能，借助此功能可在无须连接线的情况下，畅享高画质影像的显示效果。

11. 对于 inASK CX460 型投影仪，可在______________软件中设置与投影仪相同的 IP 地址，在设置正确的用户名和密码后，就能对投影仪进行参数设置。其参数设置方式有 4 种，分别是____________、____________、____________和____________。

12. inASK CX460 型投影仪可以通过无线网络与移动设备进行连接，通过____________软件来实现投影。

13. 当把 USB 存储器插入 inASK CX460 型投影仪时，使用____________________功能，可将存储器内的视频和图片进行投影展示。

14. 若 inASK CX460 型投影仪顶部控制面板上的 WARNING 指示灯和 POWER 指示灯同时呈红色闪烁，表示投影仪____________________________________。

15. 当投影仪检测到其使用时间大于或等于投影仪灯泡的使用寿命 -________ h，且小于投影仪灯泡____________时，屏幕上将会出现警告标志。

二、选择题

1. 投影仪镜头的（　　）是指画面中黑与白的亮度比值，该比值越大，意味着从黑到白的渐变层次越丰富，色彩表现也越饱满。

A. 透光度　　B. 放大率　　C. 对比度　　D. 分辨率

2. 现在，大多数的投影仪都支持（　　）位真彩色。

A. 8　　B. 16　　C. 24　　D. 48

3. 投影仪的扫描频率又称刷新率，一般提到的刷新率是指（　　）。

A. 水平刷新率　　B. 垂直刷新率

C. 既指垂直刷新率，也指水平刷新率　　D. 垂直刷新率和最大分辨率之比

4. inASK CX460 型投影仪顶部控制面板上的电源 POWER 指示灯呈（　　）时，说明投影仪电压异常，处于待机状态。

A. 绿色常亮　　B. 绿色闪烁　　C. 红色闪烁　　D. 橙色常亮

5. 按下 inASK CX460 型投影仪遥控器上的（　　）键，可以显示投影仪的当前信息。

A. SCREEN　　B. INFO　　C. MUTE　　D. IMAGE

6. 当 inASK CX460 型投影仪输入源为 USB 显示器、Memory Viewer 和网络时，（　　）键不可用。

A. SCREEN　　B. PATTERN　　C. INFO　　D. IMAGE

7. inASK CX460 型投影仪使用的标准电压为（　　）V 交流电源。

A. 100 ~ 240　　B. 150 ~ 240　　C. 200 ~ 240　　D. 380 ~ 240

8. 下列选项中错误的是（　　）。

A. 不使用投影仪时，需盖好其镜头盖，避免落灰

B. 在投影仪的使用过程中，尽量不要移动投影仪，以免对灯泡造成影响

C. 尽量不要用手触摸灯泡，开机后不要用眼睛直视投影仪，以免损伤眼睛

D. 更换投影仪灯泡前，需要冷却一段时间，为了提高投影效果，灯泡功率可以比原灯泡功率稍大一些

9. inASK CX460 型投影仪顶部控制面板上的警告 WARNING 指示灯和电源 POWER 指示灯都呈红色显示时，则表示投影仪检测到（　　）。

A. 温度异常而进入冷却状态

B. 风扇异常而进入冷却状态

C. 光源异常而进入冷却状态

D. 光源异常而进入待机状态

10. 若 inASK CX460 型投影仪检测到使用时间达到或超过投影仪使用寿命的 1.1 倍，则在投影仪顶部控制面板上的警告 WARNING 指示灯与电源 POWER 指示灯呈（　　）显示。

A. 橙色闪烁和红色闪烁　　B. 红色常亮和红色常亮

C. 红色常亮和绿色常亮　　D. 红色闪烁和绿色常亮

11. 如果 inASK CX460 型投影仪显示无图像，则最有可能的问题是（　　）。

A. 电视或其他视频设备与投影仪没有正确连接

B. 计算机的输入信号不正确

C. 输入信号、色彩系统、视频系统与计算机模式不匹配

D. 以上选项都对

12. 投影仪根据投影方向的不同，可以分为正向投影式和（　　）投影式。

A. 背向　　B. 侧向　　C. 远向　　D. 底向

13. 若使用 inASK CX460 型投影仪投影时显示图像不清晰，下列操作中错误的是（　　）。

A. 调整投影仪的焦距到适合大小　　B. 调整投影距离到合适位置

C. 清洁投影仪镜头　　D. 更换投影仪灯泡和滤网

14. 如果 inASK CX460 型投影仪的警告指示灯在投影仪处于关闭状态时呈红色闪烁，则应检测的项目不包括（　　）。

A. 检查安装状况，查看投影仪通风口是否堵塞

B. 检查投影仪是否安装在远离空调设备通风口的位置

C. 检查滤网是否清洁

D. 检查投影仪是否非正常关机或处于休眠模式

15. 下列关于投影仪幕布的维护的描述中，错误的是（　　）。

A. 对于大多数的金属幕布和玻珠幕布，最好的清洁方法是用软毛刷轻轻清扫

B. 最好不要用清水清洗玻珠幕布，必要时可将湿布拧干，轻擦幕布表面并及时将幕布晾干

C. 无论是手动幕布还是电动幕布，当不需要使用时，应将幕布卷回保护盒中

D. 幕布每次连续上下滚动使用的时间不能超过 10 min，否则会导致电动机过热，需等电动机冷却后再用

三、判断题

1. 标准分辨率即投影仪投出图像的原始分辨率，分辨率越高，能接收分辨率的范围越广，投影仪的适应范围也越宽。通常以物理分辨率来评判液晶投影仪的档次。（　　）

2. 投影仪的镜头一般设有多挡光圈，光圈数值越大，实际光圈越大，光通量也就越大，每个镜头的最大光圈都有数值标注于镜头前端。（　　）

3. 投影仪工作时，风扇高速转动散热会产生噪声，所以应选择散热良好且散热噪声不超过 100 dB 的投影仪。（　　）

4. 家庭用户选购投影仪时，若主要用于观看电视、电影，对清晰度与动态效果要求较高，那么高亮度的冷光源灯泡是家庭用户的优选。（　　）

5. 若 inASK CX460 型投影仪用 USB 连接线连接计算机，需选用 USB-A 端子或 USB-B 端子，这两个端子功能相同。（　　）

6. inASK CX460 型投影仪顶部控制面板上的 INPUT 键可用于打开或关闭输入菜单。（　　）

7. inASK CX460 型投影仪遥控器上的 INPUT 键可用于打开或关闭输入菜单。（　　）

8. inASK CX460 型投影仪一般不配备 VGA 电缆、串行电缆和 HDMI 电缆，连接时需用户自行准备。（　　）

9. 按下 inASK CX460 型投影仪机身顶部控制面板或遥控器上的⏻键，电源指示灯变红亮起，冷却风扇开始运转，屏幕上出现预备显示，倒计时启动。（　　）

10. inASK CX460 型投影仪内部温度恢复正常后，若警告指示灯仍继续闪烁，这时

重新开启投影仪，警告指示灯将停止闪烁。（　　）

11. 滤网用于防止灰尘堆积在投影仪内部镜头组件的表面。若滤网被灰尘堵塞，会降低冷却风扇的效率，致使投影仪内部热量积聚，缩短投影仪的使用寿命。若屏幕上出现“滤网警告”图标，应立即清洁滤网。（　　）

12. 取下滤网后，切勿操作投影仪，否则灰尘会附着在镜头组件上，影响图像质量。切勿将小物件放入通风口，可能会引发投影仪故障。（　　）

13. inASK CX460 型投影仪可以自中心位置旋转变焦环，左右旋转该环可调整投影图像大小；旋转聚集环能调整图像的焦矩。（　　）

14. 更换 inASK CX460 型投影仪灯泡时，需先关闭投影仪并拔下交流电源线，让投影仪至少冷却半小时。（　　）

15. 更换 inASK CX460 型投影仪灯泡时，切不可在灯泡发热时更换。灯泡使用后盖板内部会变热，需小心避免烫伤。由于投影仪使用高压灯泡，必须谨慎、正确操作，否则可能会引发事故、导致伤害或发生火灾。（　　）

四、名词解释

1. ANSI

2. 投影仪的画面尺寸

五、简答题

1. 简述投影仪的主要技术指标。

2. 简述投影仪的安装方式。

3. 简述选购投影仪时的注意事项。

4. 简述使用投影仪时的注意事项。

5. 简述使用 inASK CX460 型投影仪的 Memory Viewer 功能播放一张图片的操作步骤。

6. 简述清洁 inASK CX460 型投影仪滤网的操作步骤。

7. 简述更换 inASK CX460 型投影仪灯泡的操作步骤及注意事项。

8. 图 6-1 所示为 inASK CX460 型投影仪顶部面板指示灯，写出其中各部位的名称及功能。

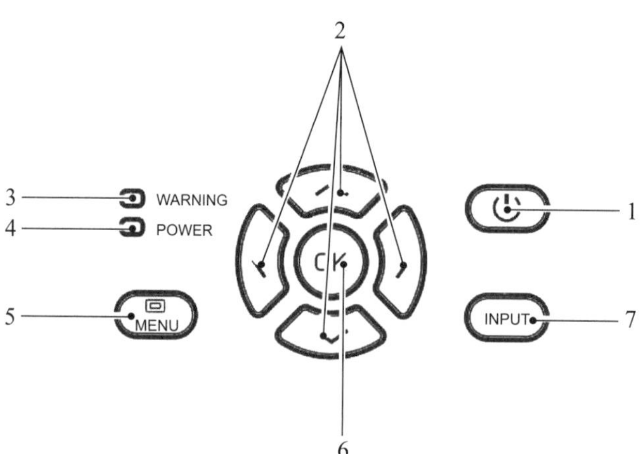

图 6-1　inASK CX460 型投影仪顶部面板指示灯

六、综合应用题

1. 某人打算购置一台投影仪用于家庭娱乐，以便日常观看电影等，希望该投影仪能接收网络信号进行播放，且体积小巧以节省空间。具体要求如下。

（1）设备需配备 CPU，并支持 5 GHz 的无线网络。

（2）视频格式需支持 1 080P 标准。

（3）投影亮度应不低于 500 lm。

（4）分辨率不低于 1 280 dpi × 800 dpi，对比度不低于 100：1。

（5）灯泡具有较长的使用寿命。

（6）具备常用的输入端口。

（7）价格在 3 000 元左右。

按照以上要求筛选三种投影仪，并将各种投影仪的技术参数填入表 6–1 中，以便帮助该客户选购到符合其需求的设备。

表 6–1 投影仪的技术参数

相关设备参数	备选设备 1	备选设备 2	备选设备 3
参考价格			
品牌			
型号			
……			

2. 某人购置了一台爱普生（EPSON）CH-TW5700TX 型投影仪，该设备已由快递送达。依照以下要求开展相应操作。

（1）开启包装箱，对照产品说明书，核查包装箱内的附件与产品说明书所列是否相符。

（2）依据产品说明书，拆除运输固定锁。

（3）按照产品说明书，了解投影仪各个部件的名称与功能。

（4）参照产品说明书，尝试安装投影仪与幕布等设备。

（5）依据产品说明书进行设备连接操作。

（6）将投影仪与计算机连接，开启投影仪后设置开机密码。

（7）使用遥控器对投影仪的梯形失真情况进行调整。

（8）利用投影仪顶部面板来调控投影图像的大小与清晰度。

（9）运用局域网中的计算机开展投影操作。

（10）借助无线网络（Wi-Fi）连接笔记本计算机，以实现投影功能。

（11）查阅产品说明书，了解爱普生（EPSON）CH-TW5700TX 型投影仪常见故障的解决办法。

（12）清洁投影仪的机壳。

（13）清洁投影仪的镜头与滤网。

（14）尝试为投影仪更换灯泡。

项目七
交互式智能平板的使用与维护

一、填空题

1. 交互式智能平板的硬件部分由____________________、____________和________________这三大部分构成，由整体结构件结合在一起，并由专用的____________作为支撑。

2. 多数交互式智能平板支持多点触控，能满足多人同时操作的需求，一般支持____点和____点触控，响应时间通常在______ ms 以内。

3. 市面上主流的交互式智能平板的触摸方式有________、________和________三种。

4. 交互式智能平板的屏幕大多使用的是____________屏，由____________组成。

5. 按下鸿合 HiteVision 交互式智能平板前置按键上的“护眼”按钮时，短按会______________________，长按会______________________。

6. 按下鸿合 HiteVision 交互式智能平板前置按键上的“触按开关”按钮时，短按会______________________，长按会______________________。

7. 如果鸿合 HiteVision 交互式智能平板开启了护眼功能，通过____________，可以减少对视力的伤害。

8. 鸿合 HiteVision 交互式智能平板遥控器上的⚙按钮的功能为在____________下打开系统设置页面，在______________下打开电视信号源菜单。

9. 交互式智能平板的安装一般有两种方式，一种是__________，另一种是__________。

10. 在鸿合 HiteVision 交互式智能平板开机后的主页界面上，手指向______滑动可切换至应用程序界面，可以通过手指________滑动在主页和应用程序界面之间进行切换。

11. 单击鸿合 HiteVision 交互式智能平板罗盘菜单中的✎按钮，会进入____________模式，此时罗盘图标切换成____________和____________。

12. 如果鸿合 HiteVision 交互式智能平板启动了童锁功能，则交互式智能平板的____________和____________会失效。

13. 鸿合 HiteVision 交互式智能平板通过两种方法移动罗盘，一是在任意界面中____________，罗盘会跟随人手指移动位置；二是在任意界面中可用____________，罗盘会自动移动到人手长按的位置。

14. 如果内置计算机或者外接计算机中安装了鸿合交互式教学软件，在使用该软件的过程中，可根据需要单击交互式智能平板________的快捷键，快速实现其对应的功能。

15. 鸿合 HiteVision 交互式智能平板借助水平和垂直方向上的____________来检测并定位用户的触摸；屏体的四周分布着__________，它们在屏体表面形成一张由__________组成的光网。

二、选择题

1.（　　）触摸屏具有高透光率和高解析度的优点，反应灵敏，识别精准度高。

A. 红外式　　B. 电容式
C. 电磁式　　D. 以上选项都对

2.（　　）是智能会议平板的核心体现。

A. 触摸技术　　B. 交互技术
C. 分辨率　　D. 屏幕大小

3. 长按鸿合 HiteVision 交互式智能平板前置按键上的“主页”按钮，则可（　　）。

A. 开启或关闭护眼功能　　B. 启用一键录屏功能
C. 进入系统主页　　D. 开启或关闭童锁

4. 打开鸿合 HiteVision 交互式智能平板的触控开关后，可（　　）。

A. 在触控屏幕上书写　　B. 降低色温，减少对视力的伤害
C. 进入多任务界面　　D. 进入系统主页

5. 鸿合 HiteVision 交互式智能平板遥控器上的▣按钮的功能是（　　）。

A. 进入“简课堂”界面　　B. 截取屏幕
C. 打开白板软件　　D. 切换接入计算机的分辨率

6. 无论鸿合 HiteVision 交互式智能平板采用固定安装还是移动安装，墙面或支架的承重应保证不低于该智能平板重量的（　　）倍。

A. 2　　B. 4　　C. 1　　D. 8

7. 在鸿合 HiteVision 交互式智能平板上单击“应用栏”或“更多应用”中的图标，即可进入（　　）界面。

A. 罗盘　　B. 白板

C. 主界面　　D. 状态设置

8. 单击鸿合 HiteVision 交互式智能平板白板界面中的（　　）图标可以选中橡皮擦，随后在屏幕上触控并移动，即可擦除白板上的书写笔迹，再次单击该图标并选择“清屏”，可清除当前白板中的所有内容。

A.　　B.

C.　　D.

9. 通过（　　）方式，可以进入鸿合 HiteVision 交互式智能平板的系统设置界面。

A. 单击主页中心的时间界面

B. 单击“应用栏”中的图标

C. 单击“快速调用菜单”中的图标

D. 以上选项都对

10. 单击鸿合 HiteVision 交互式智能平板“更多应用”界面中的（　　）图标，可以启动聚光灯功能。

A.　　B.

C.　　D.

11. 鸿合 HiteVision 交互式智能平板的“快速调用”菜单可以在任意界面中调用，若调出菜单后超过（　　）s 不操作，菜单会自动再次隐藏。

A. 3　　B. 5　　C. 10　　D. 15

12. 在内置计算机或外接计算机中安装了鸿合交互教学软件后，在使用该软件的过程中可调用其快捷键，快速实现其对应的功能，快捷键显示模式有（　　）。

A. 极简模式　　B. 经典模式

C. 隐藏模式　　D. 以上选项都对

13. 下列选项中，（　　）可能会造成使用鸿合 HiteVision 交互式智能平板书写时抖（跳）笔现象的发生。

A. 用书写笔书写时，笔与屏幕的夹角小于 60°

B. 使用环境有干扰源

C. 书写时衣袖或手腕过于靠近书写面

D. 以上选项都对

14. 在使用鸿合 HiteVision 交互式智能平板时，出现“图像正常但无声音”的现象，则不可能是（　　）。

A. 音量太小或静音　　B. 误按了遥控器上的“静音”键

C. 视频连接错误　　D. 音频连接错误

15. 不要频繁开关鸿合 HiteVision 交互式智能平板，以免影响其使用寿命。在平板正常关机后，需等待（　　）min 后再开机。如果平板长期不用，则应关闭电源并拔掉电源插头。

A. 3　　B. 5

C. 10　　D. 15

三、判断题

1. 交互式智能平板能实时响应，响应速度一般小于 5 ms，以保证操作、书写无延时。（　　）

2. 红外式触摸屏支持多点触控，在防尘、防水与耐磨等方面表现更佳，其基于人体电流感应原理工作，能有效减少误触情况的发生。然而，这种触摸屏存在因反光而导致色彩失真的问题。（　　）

3. 鸿合 HiteVision 交互式智能平板的工作电压为 220 V，在接通电源之前平板必须先接地，否则可能危及人身及设备安全。（　　）

4. 长按鸿合 HiteVision 交互式智能平板前置按键上的“关闭窗口”按钮 10 s，会关闭当前窗口。（　　）

5. 长按鸿合 HiteVision 交互式智能平板前置按键上的“音量”按钮，会显示音量进度条，并持续增加或降低音量。（　　）

6. 出于兼容性考虑，所有型号的鸿合 HiteVision 交互式智能平板上的前置端口和后置端口的功能及样式完全相同。（　　）

7. 按下鸿合 HiteVision 交互式智能平板遥控器上的“屏显”按钮，能显示当前信号源，不过在安卓系统下此功能不生效，即不会显示当前信号源。（　　）

8. 在安装鸿合 HiteVision 交互式智能平板时，应保持垂直安装状态。若安装角度偏差过大，可能引发屏幕玻璃脱落甚至平板倒塌等事故。（　　）

9. 鸿合 HiteVision 交互式智能平板仅支持标准计算机的安装，且内置计算机接口必须与平板接口相互对应。（　　）

10. 鸿合 HiteVision 交互式智能平板的内置计算机属于非必要配置，若配备了该内置计算机，则支持热插拔功能，即无论计算机处于关机状态还是开机状态，均能进行插拔操作。（　　）

11. 鸿合 HiteVision 交互式智能平板在进行壁挂安装且镶入墙内或箱体内时，其底部、侧面以及顶部的通风孔面积应不小于密封面积的 10%，以确保空气能保持流通状态。（　　）

12. 通过鸿合 HiteVision 交互式智能平板的主页界面中的状态栏，可以检测并显示屏幕温度、网络状态等信息。（　　）

13. 在鸿合 HiteVision 交互式智能平板的系统设置界面，会显示网络、通用和系统三项子菜单。当单击系统设置界面内特定区域时，即可退出系统设置界面。（　　）

14. 鸿合 HiteVision 交互式智能平板的护眼设置有柔光护眼、亮度护眼、书写护眼和光控护眼等多种模式。（　　）

15. 鸿合 HiteVision 交互式智能平板自身不带光驱，因而无法直接播放光盘内容。若要播放光盘，需使用外置 USB 光驱，将其插入平板的 USB 接口后即可正常使用。（　　）

四、名词解释

1. 交互式智能平板

2. 过温保护

五、简答题

1. 简述选购交互式智能平板时的注意事项。

2. 简述安装交互式智能平板的方式和安装注意事项。

3. 简述交互式智能平板的常见功能。

4. 简述开启鸿合 HiteVision 交互式智能平板童锁的方法。

5. 简述鸿合 HiteVision 交互式智能平板出现无声音及图像显示故障的解决办法。

6. 简述鸿合 HiteVision 交互式智能平板出现内置计算机无信号故障的解决办法。

六、综合应用题

1. 小王按照学校教务处指示，为学校教室购置一台交互式智能平板，用于辅助教师教学，具体要求如下。

（1）配备 4 K（3 840 dpi × 2 160 dpi）高清屏。

（2）屏幕尺寸为 55 寸或 56 寸，默认显示分辨率为 2 K（2 560 dpi × 1 440 dpi）。

（3）CPU 为 i5 以上配置，内存为 8 GB，具备 128 GB 固态硬盘。

（4）内置高、中、低不同类型的扬声器。

（5）支持多种文档格式和无线传屏功能，能实现手机、平板计算机、台式计算机之间的互动。

（6）支持多人同时进行互写操作。

（7）价格在 5 000 元左右。

按要求筛选三种交互式智能平板，将各种平板的技术参数填到表 7–1 中，供客户选购时参考。

表 7–1　交互式智能平板的技术参数

相关设备参数	备选设备 1	备选设备 2	备选设备 3
参考价格			
品牌			
型号			
……			

2. 学校教务处购置了一套海康威视 D5ABKY2D–S 型交互式智能平板，用于办公室日常会议使用。设备已由快递送达，需按以下要求完成相应操作。

（1）开启包装箱，参照产品说明书，仔细核对包装箱内附件是否与说明书所列一致。

（2）依据产品说明书，了解交互式智能平板各个部件的名称及功能。

（3）参照产品说明书，尝试采用移动方式安装交互式智能平板（包含内置计算机）。

（4）为已安装好的交互式智能平板连接对应的供电电源线与信号线等。

（5）对安装完成的交互式智能平板进行开机检测以及功能检测。

（6）将移动笔记本计算机中的内容投影至平板上。

（7）将计算器应用程序添加至罗盘。

（8）将欢迎词设置为“欢迎大家来参加我们的展销会”。

（9）依据产品说明书，正确运用交互式智能平板的其他各项功能。

（10）依照产品说明书，完成对交互式智能平板的日常清洁。

（11）按照产品说明书，设置海康威视 D5ABKY2D–S 型交互式智能平板的待机参数。

（12）依据产品说明书，设置声音并实现音频和视频的正确播放。

（13）参照产品说明书，能处理交互式智能平板在使用过程中出现的常见故障。

综合试卷（一）

一、填空题（每空 1 分，共 20 分）

1. 办公自动化（office automation，简称 OA）是将现代办公与__________技术结合起来的一种新型办公方式。

2. 喷墨打印机是__________打印机的演变，它使用一种微型的________代替金属针头，向纸上进行墨水点的喷射，打印的字符通常是由______组成的。

3. Epson Photo+ 是一种____________，使用它可以轻松打印具有各种布局的图像，还可以使用多种模板，在打印物的任意位置添加文本或图案等。

4. 激光打印机是在____________的基础上，结合________________研制开发的一种集光、机、电于一体的办公自动化设备。

5. 复印机的预热时间越短越好。当前，中端产品的预热时间通常在______ s 左右，低端产品的预热时间在__________ s 左右。预热时间主要取决于复印机产品电子部件的数量与电路的复杂程度，部分高档复印机产品的预热时间反而更长，有时可达________ s。

6. HUAWEI PixLab X1 型多功能复合机应放置在阴凉通风处，水平稳固放置，确保可稳定接收__________信号，打印机背后需预留______ cm 以上的空间。

7. 在投影仪的技术指标中，F 值代表镜头的__________，F 值越小，表示镜头的透光性越好；而 f 值表示镜头的____________。

8. 投影屏幕的宽高比是指屏幕画面横向和纵向尺寸的比例关系，该比例可以用两个整数之比来表示，常见的有________和________。

9. 如果鸿合 HiteVision 交互式智能平板启动了童锁功能，则交互式智能平板的____________和____________会失效。

10. 对于鸿合 HiteVision 交互式智能平板前置按键上的“触按开关”按钮，短按会______________________，长按会______________________。

二、选择题（每题 2 分，共 30 分）

1.（　　）故障是办公自动化设备中最常见的问题之一，这类故障通常表现为设备无法开机或关机、电源指示灯亮等。

A. 硬件　　B. 软件

C. 电源　　D. 网络

2. 喷墨打印机的（　　）是决定打印精度的重要指标，是决定打印的图像是否具有颗粒感的关键因素。

A. 分辨率　　B. 墨滴大小

C. 色彩合成技术　　D. 打印速度

3. 目前，喷墨打印机采用（　　）合成技术。

A. CMYK 四色　　B. RGB 三色

C. HSB 三色　　D. 以上选项都对

4. 首页输出时间是指在执行打印命令后输出打印的第一页内容所用的时间，一般的激光打印机在（　　）s 内就可以完成首页的输出。

A. 15　　B. 30

C. 10　　D. 20

5. 下列选项中，（　　）不是静电复印机的主要部分。

A. 原稿的照明和聚焦部分

B. 光导体上形成的潜像和对潜像进行显影的部分

C. 光化学热敏部分

D. 复印纸的进给、转印和定影部分

6. 在更换惠普（HP）MFP E78323dn 型复印机碳粉收集装置时，下列操作中错误的是（　　）。

A. 若复印机收到更换碳粉盒或碳粉收集装置的提示信息，又或者复印质量出现问题，且已排除碳粉不足的情况，那么就需要考虑更换碳粉收集装置

B. 从复印机中向外拉出碳粉收集装置时，应使其保持水平状态，以确保废碳粉不会溢出

C. 先打开复印机的前挡盖，接着拉动碳粉收集装置两侧的卡舌，然后将其平直拉出

D. 对于完全卸下的碳粉收集装置，应将有孔的一面朝下放置，这样可防止废碳粉弄脏手部与衣物，之后要及时将换下的碳粉收集装置丢弃到垃圾桶中

7. 如果 HUAWEI PixLab X1 型多功能复合机控制面板上的⯈按钮呈（　　），表

示复合机目前处于工作状态。

A. 白色常亮　　B. 白色闪烁

C. 红色常亮　　D. 红色闪烁

8. 如果在 HUAWEI PixLab X1 型多功能复合机控制面板上的数字键区域显示“BC”，则表示（　　）。

A. 复合机内部或背面卡纸　　B. 纸张不能顺利排出

C. 复合机内部有纸张残留　　D. 一次送入多张纸

9. inASK CX460 型投影仪顶部控制面板上的电源 POWER 指示灯呈（　　）时，说明投影仪为电源异常，处于待机状态。

A. 绿色常亮　　B. 绿色闪烁

C. 红色闪烁　　D. 橙色常亮

10. inASK CX460 型投影仪顶部控制面板上的警告 WARNING 指示灯和电源 POWER 指示灯都呈红色显示时，则表示投影仪检测到（　　）。

A. 温度异常而进入冷却状态

B. 风扇异常而进入冷却状态

C. 光源异常而进入冷却状态

D. 光源异常而进入待机状态

11. 在鸿合 HiteVision 交互式智能平板上单击“应用栏”或“更多应用”中的 图标，即可进入（　　）界面。

A. 罗盘　　B. 白板

C. 主界面　　D. 状态设置

12. 鸿合 HiteVision 交互式智能平板的“快速调用”菜单可以在任意界面中调用，若调出菜单后超过（　　）s 不操作，菜单会自动再次隐藏。

A. 3　　B. 5

C. 10　　D. 15

13. 下列选项中，（　　）不是鸿合 HiteVision 交互式智能平板的故障。

A. 液晶面板产生极少数常亮或常暗的像素点

B. 因背景调整或机器散热，机器发出轻微的响声

C. 液晶屏表面由于积尘而引起触摸不灵敏或定位不准确

D. 画面、声音无异常，触摸液晶屏和金属后壳时感觉有静电

14. 在使用鸿合 HiteVision 交互式智能平板时，出现图像正常但无声音的现象，下列说法中错误的是（　　）。

A. 音量太小或静音　　B. 误按了遥控器上的“静音”键

C. 视频连接错误　　D. 音频连接错误

15. 若 inASK CX460 型投影仪检测到使用时间达到或超过投影仪使用寿命的 1.1 倍，则在投影仪顶部控制面板上的警告 WARNING 指示灯与电源 POWER 指示灯会呈（　　）。

A. 橙色闪烁和红色闪烁　　B. 红色常亮和红色常亮

C. 红色常亮和绿色常亮　　D. 红色闪烁和绿色常亮

三、判断题（每题 2 分，共 20 分）

1. 选购办公自动化设备时，要尽量选择市场占有率高且销量大的设备。（　　）

2. 为 EPSON L18058 型喷墨打印机墨仓添加墨水时，要特别小心，以防墨水达到上刻度线后溢出。（　　）

3. 在为得力 P2020W 型激光打印机装纸时，不宜装得太多，不能超过指示线。（　　）

4. 由于复印机内部的零部件如感光鼓、载体、碳粉盒等均有一定的使用寿命，在选购时务必明确其耗材的使用寿命及价格情况，若选购不当，会导致使用成本增加。（　　）

5. 安装惠普（HP）MFP E78323 型复印机成像装置期间，要防止成像鼓被强光照射，否则可能导致成像鼓受损并引发图像质量问题。（　　）

6. HUAWEI PixLab X1 型多功能复合机控制面板上显示“C0”表示张纸不能顺利进入复合机。（　　）

7. HUAWEI PixLab X1 型多功能复合机纸盘不能装入过多纸张，其最多可容纳 150 张 70 g/m^2 的纸张。（　　）

8. inASK CX460 型投影仪顶部控制面板上的 INPUT 键可用于打开或关闭输入菜单。（　　）

9. 红外式触摸屏支持多点触控，在防尘、防水与耐磨等方面表现更佳，其基于人体电流感应原理工作，能有效减少误触情况的发生。然而，这种触摸屏存在因反光而导致色彩失真的问题。（　　）

10. 按下鸿合 HiteVision 交互式智能平板遥控器上的“屏显”按钮，能显示当前信号源，不过在安卓系统下此功能不生效，即不会显示当前信号源。（　　）

四、简答题（共 20 分）

1. 列举常用的办公自动化设备。（4 分）

2. 简述更换 EPSON L18058 型喷墨打印机维护箱的操作步骤。（4 分）

3. 简述防止激光打印机卡纸的方法。（6 分）

4. 简述使用 HUAWEI PixLab X1 型多功能复合机复印身份证的操作步骤。（6 分）

五、综合题（共 10 分）

为了提升产品设计效果与工作效率，某广告公司计划购置一台彩色复印机用于输出设计文档，具体要求如下。

（1）最大复印幅面需达到 A3，同时具备复印、打印和扫描功能。

（2）内存容量应在 1 GB 及以上，机载硬盘容量为 160 GB。

（3）纸盒容量不少于 500 页，介质质量为 60 ~ 160 g/m^2。

（4）每分钟复印页数不少于 20 页，复印分辨率为 600 dpi × 600 dpi 及以上，缩放范围为 25% ~ 400%，连续复印页数为 1 ~ 999 页。

（5）耗材可选黑色、黄色、品红色、蓝色碳粉盒。

（6）配备 USB 3.0 或更高级别的接口以及网络接口等。

（7）每分钟打印页数不少于 20 页，且打印分辨率为 600 dpi × 600 dpi 及以上。

（8）适用于当前主流操作系统。

（9）设备价格控制在 20 000 元左右。

根据以上要求，帮助该公司选择一台彩色复印机，并简要说明选择理由。

综合试卷（二）

一、填空题（每空 1 分，共 20 分）

1. 办公自动化设备是指用于________、________和________的各种设备和技术的统称。

2. 喷墨打印机利用控制指令来控制打印头上的________，使喷出的墨水打印在纸张上，喷墨的控制方法是决定喷墨打印机质量优劣的主要因素之一。

3. 小白智慧打印是一款基于________模式的云打印产品，能帮助用户脱离传统打印中计算机端操作的束缚。

4. 按照输出速度不同来划分，激光打印机可分为________、________和________三类，且输出速度是以______幅面作为衡量标准的。

5. 惠普（HP）MFP E78323dn 型复印机控制面板上的🏠按钮的功能是________，ℹ按钮的功能是________，❓按钮的功能是________。

6. HUAWEI PixLab X1 型多功能复合机配置网络时支持________，不支持________，不支持机场、酒店等场所的________（需要网页认证的 Wi-Fi 热点）。

7. 一旦打开投影仪，需等待至少______min 方可关闭。此外，应避免长时间连续使用投影仪，因为长时间连续使用会缩短灯泡的使用寿命。在______h 内一定要关机一次，让投影仪得以休息约 1 h。

8. 单击鸿合 HiteVision 交互式智能平板的罗盘菜单中的✎按钮，会进入________模式，此时罗盘图标切换成________和________。

二、选择题（每题 2 分，共 30 分）

1. 办公自动化设备所处环境的温度一般要保持在（　　）℃，而相对湿度则要求控制在 30% ~ 70%。

A. 5 ~ 10　　B. 15 ~ 50　　C. 10 ~ 35　　D. −5 ~ 40

2.（　　）是衡量打印机质量好坏的重要指标之一，用 dpi 来表示。

A. 分辨率　　B. 墨滴大小

C. 色彩合成技术　　D. 打印速度

3. 在清洁喷墨打印机的过程中，应注意（　　）。

A. 不能将水溅到打印机的机械部件或电子元件上

B. 不能使用酒精或涂料稀释剂来清洁打印机，这样可能会损坏打印机的部件和外壳

C. 不能碰撞打印机内部的压辊、导轨等部件

D. 以上选项都对

4. 激光打印机的打印速度通常是指打印机每分钟可以打印的页数，通常用（　　）表示。

A. dpi　　B. ppi

C. ppm　　D. ipp

5. 一般情况下，复印机的分辨率为（　　）dpi 就已经可以满足普通文本的复印要求。

A. 600　　B. 1 200

C. 2 400　　D. 800

6. 安装惠普（HP）MFP E78323dn 型复印机成像鼓装置时，下列操作中错误的是（　　）。

A. 先从泡沫包装和塑料袋中取出成像鼓装置，接着取下白色保护盖，在此过程中切勿触碰成像鼓表面

B. 安装成像鼓装置时，用一只手握住其底部，用另一只手握住其正面手柄，将成像鼓装置顶部的沟槽与开口顶部的导板对齐后进行安装

C. 将成像鼓装置锁向上放置，以便使成像鼓装置锁定位准确，接着安装剩余的成像鼓，安装时需确认每个锁杆朝上，并且每个碳粉耗材遮挡板均处于打开状态

D. 将成像鼓装置锁向上放置，以便使成像鼓装置锁定位准确，接着安装剩余的成像鼓，安装时需确认每个锁杆朝下，并且每个碳粉耗材遮挡板均处于关闭状态

7. HUAWEI PixLab X1 多功能复合机控制面板上的 ((•)) 表示（　　）。

A. HUAWEI Share 感应区域　　B. 复合机网络连接状态

C. 复合机未联网　　D. 复合机已联网

8. HUAWEI PixLab X1 型多功能复合机控制面板上的 [Wi-Fi icon] 表示（　　）。

A. HUAWEI Share 感应区域　　B. 复合机网络连接状态

C. 复合机未联网　　D. 复合机已联网

9. 按下 inASK CX460 型投影仪遥控器上的（　　）键，可以显示投影仪当前信息。

A. SCREEN　　B. MUTE

C. INFO　　D. IMAGE

10. 下列选项中错误的是（　　）。

A. 不使用投影仪时，需盖好镜头盖，避免落灰

B. 在投影仪的使用过程中，尽量不要移动投影仪，以免对灯泡造成影响

C. 尽量不要用手触摸灯泡，开机后不要用眼睛直视投影仪，以免损伤眼睛

D. 更换投影仪灯泡前，需冷却一段时间，为了提高投影效果，灯泡功率可以比原灯泡功率稍大一些

11.（　　）触摸屏具有高透光率和高解析度的优点，反应灵敏，识别精准度高。

A. 红外式　　B. 电容式

C. 电磁式　　D. 以上选项都对

12. 鸿合 HiteVision 交互式智能平板遥控器上的按钮的功能是（　　）。

A. 进入“简课堂”界面　　B. 截取屏幕

C. 打开白板软件　　D. 切换接入计算机的分辨率

13. 通过（　　）方式，可以进入鸿合 HiteVision 交互式智能平板的系统设置界面。

A. 单击主页中心的时间界面　　B. 单击“应用栏”中的图标

C. 单击“快速调用”菜单中的图标　　D. 以上选项都对

14. 下列关于激光打印机的日常清洁和保养的叙述中，错误的是（　　）。

A. 在清洁激光打印机之前，要先关闭激光打印机并拔掉电源线，以免清洁时发生触电事故

B. 用干净的纸巾或棉签轻轻擦拭碳粉盒外表面，去除表面的灰尘和污垢。如果碳粉盒表面有顽固的污垢，可以使用一些清洁液来清洁，但需注意不要让液体进入碳粉盒内部

C. 碳粉盒底部是碳粉传输的重要部分，如果底部堵塞或者污垢过多，会导致打印机不能正常工作，可以用清洁液来清洁底部和碳粉盒内部

D. 清洗碳粉盒内部需要非常小心，因为碳粉盒内部是非常敏感的部件，不恰当的清洗会导致碳粉盒损坏，需用吸尘器等将碳粉盒内部的灰尘和碎屑吸走，清洁液体不能进入碳粉盒内部

15. 不要频繁开关鸿合 HiteVision 交互式智能平板，以免影响其使用寿命。在平板

正常关机后，需等待（　　）min 后再开机。如果平板长期不用，则应关闭电源并拔掉电源插头。

A. 3　　　　B. 5　　　　C. 10　　　　D. 15

三、判断题（每题 2 分，共 20 分）

1. 常用的办公自动化设备应尽量在粉尘少、阳光不能直射、温度和相对湿度适宜的条件下使用。（　　）

2. 为 EPSON L18058 型喷墨打印机墨仓添加墨水时，要确保墨仓的颜色与要补充的墨水颜色相匹配。（　　）

3. 长按得力 P2020W 型激光打印机控制面板上的按钮并保持 3 s 以上，打印机会自动打印配置报告。（　　）

4. 一般来说，复印机的档次越高，其预热所需时间越短。（　　）

5. 惠普（HP）MFP E78323dn 型复印机控制面板上的图标具有拨通惠普（HP）售后服务电话的功能。（　　）

6. 如果 HUAWEI PixLab X1 型多功能复合机操作面板上的呈红色亮起并显示代码为“bF”，表明需更换硒鼓。（　　）

7. 更换 HUAWEI PixLab X1 型多功能复合机的硒鼓时，在拿出新硒鼓后，需轻轻水平摇晃硒鼓 3～4 次，并注意不要翻转硒鼓。（　　）

8. inASK CX460 型投影仪遥控器上的“INPUT”键可用于打开或关闭输入菜单。（　　）

9. 交互式智能平板能实时响应，反应速度一般都小于 5 ms，以保证操作、书写无延时。（　　）

10. 短按鸿合 HiteVision 交互式智能平板前置按键上的触控开关按钮，会打开或关闭屏幕触控功能。（　　）

四、简答题（共 20 分）

1. 简述办公自动化设备的常见故障。（4 分）

2. 简述使用 HUAWEI PixLab X1 型多功能复合机，通过微信中的华为打印小程序来打印文档的操作步骤。（4 分）

3. 在惠普（HP）MFP E78323dn 型复印机使用过程中，若频繁出现或者反复发生卡纸情况，简述可以采用的解决方案。（6 分）

4. 简述鸿合 HiteVision 交互式智能平板出现无声音及图像显示故障的解决办法。（6 分）

五、综合题（共 10 分）

小王按照学校教务处指示，为学校教室购置一台交互式智能平板，用于辅助教师教学，具体要求如下。

（1）配备 4 K（3 840 dpi × 2 160 dpi）高清屏。

（2）屏幕尺寸为 55 寸或 56 寸，默认显示分辨率为 2 K（2 560 dpi × 1 440 dpi）。

（3）CPU 为 i5 以上配置，内存为 8 GB，具备 128 GB 固态硬盘。

（4）内置高、中、低不同类型的扬声器。

（5）支持多种文档格式和无线传屏功能，能实现手机、平板计算机、台式计算机之间的互动。

（6）支持多人同时进行互写操作。

（7）价格在 5 000 元左右。

根据以上要求，帮助小王选择一台交互式智能平板，并简要说明选择理由。